Unten: Jacky Chan war in Prof. Leung Tings internationalem Hauptquartier in Hongkong, als er ein Interview für ein amerikanisches TV-Team gab.

Der Hintergrund und die Theorie der

Siu-Nim-Tau

Name und Bedeutung

Siu-Nim-Tau (小念頭) oder wörtlich übersetzt **„Kleine Idee"** ist die erste waffenlose Form des WingTsun®-Systems. Früher war sie bei einigen wing chun Leuten in Foshan (佛山 oder „Fat Shan" in Kantonesisch) als „Sam Bai Fat" (三拜佛) oder „Dreimaliges Verehren von Buddha" bekannt.

Die Form wurde so genannt, weil sie ursprünglich aus einem Tan-Sao (攤手) und zwei Fok Sao (伏手) zusammen mit drei Wu Sao (攤手) Bewegungen bestand. Ursprünglich wurde dies „Yat Tan, Ye Fok, Sam Bai Fut" (一攤二伏三拜佛) oder wörtlich übersetzt **„Einmal Tan-Sao, zweimal Fok Sao und dreimal Buddha preisen"** genannt, da die Handposition so aussieht, als würde jemand zu Buddha beten. Die moderne Version der Siu-Nim-Tau besteht aus einem Tan-Sao und drei Fok Sao Bewegungen, sie müsste also „Viermal Buddha preisen" genannt werden.

Es hat eine philosophische Bedeutung, dass die Siu-Nim-Tau im WingTsun als erste Form unterrichtet wird.
Wenn der Schüler zum ersten Mal WingTsun®-Unterricht nimmt, wird der Lehrer ihm traditionell sagen: **„Wenn du nicht einmal eine „Kleine Idee" korrekt beherrschst, wirst du nie etwas korrekt meistern, egal ob beim WingTsun-Training oder im täglichen Leben."**
Diese Aussage hat aber mehr als zwei Bedeutungsebenen.

In der einfachsten Stufe bezieht sich dieser Satz auf die Tatsache, dass viele Techniken im **Chi-Sao**-Training (黐手) und im richtigen Kampf eigentlich Kombinationen der Grundtechniken aus der „Kleinen Idee"-Form sind.

Wenn also ein WingTsun-Ausübender diese Basistechniken nicht korrekt ausführen kann, wird es sehr schwer für ihn sein, die korrekten Techniken zu lernen und er wird nicht fähig sein, damit effektiv zu kämpfen.

Siu-Nim-Tau

Form, Theorie, Hauptpunkte, Mottos und Anwendungen

Autor:
Great Grandmaster Leung Ting
10. Grad M.O.C. der Internationalen WingTsun Association (IWTA)
Gastprofessor der Nationalen Sportakademie, Bulgarien

Hauptvorführender:
Großmeister Cheng Chuen Fun
9. Grad M.O.A. der IWTA

ISBN 3-927553-59-X
Englische Erstausgabe: 1. Januar 2002
Deutsche Erstausgabe: Juli 2003

Herausgeber und Chefredakteur:
Großmeister Keith R. Kernspecht
10. Grad M.O.C.
Cheftrainer und Leiter der Europäischen WingTsun Organisation (EWTO)
und der Internationalen WingTsun Organisation (IWTO)

Übersetzer:
Meister Oliver König
6. Praktikergrad
WT-Nationaltrainer für Österreich, Tschechien und Slowakei

Copyright © Leung's Publications 2002

Wu-Shu-Verlag Kernspecht 2003

Das Werk einschließlich aller seiner Teile sind urheberrechtlich geschützt. Jede Verwertung außerhalb des Urhebergesetzes ist ohne Zustimmung des Verlages unzulässig und strafbar. Das gilt insbesondere für Vervielfältigungen, Übersetzungen, Mikroverfilmungen und die Einspeicherung und Verarbeitung in elektronischen Systemen.
Es ist nicht gestattet, Abbildungen dieses Buches zu scannen, in PCs oder auf CDs zu speichern oder in PCs/Computern zu verändern oder einzeln oder zusammen mit anderen Bildvorlagen zu manipulieren, es sei denn mit schriftlicher Genehmigung des Verlages.

INHALT

Über Great Grandmaster Leung Ting	5
Der Hintergrund und die Theorie der Siu-Nim-Tau	8
Kleine Idee – Die erste WingTsun Form	15

Anwendung und Analyse der Bewegungen

Gan-Sao	72
Tan-Sao	74
Stoß mit vertikaler Faust, Kettenfauststöße und „Nahdistanz-Verfolgungsangriff"	77
Fook-Sao	78
Yark-Cheung	80
Linker und rechter Gam-Sao	82
Rückwärtiger Gam-Sao	84
Frontaler Gam-Sao	87
Lan-Sao und Fak-Sao	89
Lan-Sao, Jam-Sao, Tan-Sao, Jat-Sao und Biu-Tze-Sao	92
Hoher Tan-Sao, doppelter Jat-Sao, Biu-Tze-Sao, Lange Brücke-Gam-Sao, Doppel Tai-Sao	95
Von Lange Brücke-Gam-Sao zu Doppelten Hebenden Armen	98
Jam-Sao, Gwat-Sao, Lau-Sao, Hoher Tan-Sao	101
Hoher Tan-Sao	105
Bong-Sao und Ong-Cheung	107
Tut-Sao und Fauststöße	112

Wichtige Punkte

Den Stand einnehmen mit „Ein-und-ein-halb-Fußlängen"	117
Über den IRAS-Stand	118

Mottos der Siu-Nim-Tau

Drücke den Kopf gegen den Himmel und stehe fest am Boden (頂天立地)	120
Kopf hoch mit horizontalem Blick (登頭平視) und schaue dahin, wo die Hand hingeht (眼隨手到)	121
„Aufnahmefähiger" Brustkorb und aufgerichteter Rücken (涵胸拔背)	122
Hüfte gerade und Bauch einziehen (沈肘落膊)	123
Tiefer Ellbogen und lockere Schulterhaltung (挺腰收腹)	126
Die Theorie der Zentrallinie	129

Über Great Grandmaster Leung Ting

Professor Leung Ting, das Oberhaupt des Systems trägt den Titel „Internationaler 10. Grad M.O.C." der Internationalen WingTsun Association und ist auch B.A. für chinesische und englische Literatur. Seit 1997 ist er Gastprofessor der Nationalen Sportakademie in Sofia (Bulgarien).

Wesentlich wichtiger aber ist, dass Prof. Leung Ting der Gründer des Leung Ting WingTsun® Systems ist. Dieses basiert auf dem traditionellen wing chun (詠春)*, das er aber angepasst und vielschichtig verbessert hat. Sein System beinhaltet eine systematische Didaktik und ein standardisiertes Graduierungssystem. Es betont auch die Anwendung von realistischen Kampftechniken in verschiedenen Situationen, wobei es den authentischen WT-Kampfprinzipien, die er von Great Grandmaster Yip Man gelernt hat, treu bleibt.

Im Alter von 13 Jahren hat Prof. Leung Ting begonnen, wing chun* zu lernen. Mit 19 begann er es nebenberuflich zu unterrichten.
Als er zwanzig war, wurde er Schüler von Great Grandmasters Yip Man, der gerade „seine Tür geschlossen" hatte. (Anm.: „Die Tür zu schließen" bedeutet, nicht mehr öffentlich zu unterrichten.)
Vom betagten Großmeister lernte Leung die fortgeschrittensten Techniken und Theorien des wing chun*.
Sifu Leung bemerkte schnell, dass die dahinter stehenden Konzepte von Großmeister Yip Man sein Verständnis für wing chun erweiterten und stark veränderten, obwohl die Techniken ähnlich aussahen, wie die, welche er zuvor gelernt hatte.
Um diese Stilunterschiede klar nach außen hin erkennbar zu machen, hat Leung Ting die Schreibweise „WingTsun" als den einzigartigen Begriff für die in den frühen 70er Jahren gegründete „WingTsun Leung Ting Martial-Art Association Ltd." registriert. (Der Name der Organisation wurde später in den 90er Jahren zu „International WingTsun Association – IWTA".)

Um sein neues System zu bewerben, hat Sifu Leung Ting während der 70er und frühen 80er Jahre hunderte von Kämpfern für die Teilnahme an verschiedenen Freikampf-Wettbewerben trainiert.

---

*Anmerkung: In diesem Buch wird der Begriff „wing chun" als Sammelbegriff für die Gesamtheit aller Stile bezeichnet, die dem traditionellen Ursprung des (詠春) entsprechen.

Weil die meisten seiner Schüler ihre Kämpfe mit K.o. in der ersten oder zweiten Runde gewonnen haben, wurde er mit dem Spitznamen „**Trainer von Champions**" geehrt. Tausende Live- und Fernsehvorführungen von WingTsun machten Leung Ting in Hongkong und in Asien schnell zum „Mega-Star des WingTsun". In der Septemberausgabe 1972 des Black Belt-Magazins (USA) wurde Leung Ting als „Nachfolger von Yip Man" bezeichnet.

Als er 1976 von seiner Europareise und seinem Besuch bei Keith R. Kernspecht zurückkehrte, plante und realisierte er 24 Episoden der TV-Serie „*Real Kung-Fu*" für die Gesellschaft „Rediffusion Television Stadion". 1977 wurde Leung Ting von Herrn Chan Chieh der Shaw Brothers Filmproduktionsfirma rekrutiert, um bei den nächsten sechs Kung-Fu-Filmen zu helfen. Herr Chan Chieh war damals einer der bekanntesten Regisseure für Kung-Fu-Filme.

Nachdem er sein vertragliches Engagement für die Shaw-Brüder erfüllt hatte, vergrößerte Sifu Leung Ting seine Anstrengungen, WingTsun® in der westlichen Welt zu verbreiten. Er begann, Bücher zu schreiben und produzierte Dokumentations- und Lehrvideos über Kung-Fu für amerikanische und europäische Kampfkunstenthusiasten.

In den späten 70er Jahren wurde seine englische Ausgabe von „**WingTsun Kuen**" in den USA zum „besten chinesischen Kung Fu-Buch" erklärt. In den letzten 20 Jahren wurde dieses Buch in vereinfachtes und traditionelles Chinesisch, Deutsch, Spanisch, Polnisch, Italienisch und vielen andere Sprachen übersetzt und publiziert. Heute ist die Internationale WingTsun Association die größte professionelle Kampfkunstorganisation der Welt mit vielen tausend Schulen in 65 Ländern.

Nicht nur Kampfkunst-Neulinge fühlen sich von WingTsun® angezogen, sondern tausende Experten anderer Kampfkünste haben ihren Stil gewechselt, um Schüler in Schulen von Great Grandmaster Leung Ting zu werden. Manche, die gewechselt haben, waren hohe Dangrade und andere haben Titel in nationalen und internationalen Wettbewerben in verschiedensten Kampfkünsten weltweit errungen.

Zusätzlich zu den normalen WingTsun-Kursen hat Great Grandmaster Leung Ting spezielle Unterrichtsprogramme für Militär- und Polizeieinsatzkommandos. Er hat die Nahkampfausbilder vieler internationaler Spezialeinheiten wie des FBI, den Marine Corps/USA, SEK und GSG9 in Deutschland, NOCS in Italien, GIP aus Luxemburg, RAID aus Frankreich und nationale Polizei und Anti-Terror Einheiten aus vielen anderen Ländern trainiert.

Eine weitere Bedeutung von „Kleine Idee" ist die Art des Anfängers zu denken. Wenn ein Anfänger zu viel denkt, wird er von zu vielen Ideen im Kopf verwirrt. Er versteht dann das Wichtigste der Form nicht. Der Name der Form warnt also auch vor einem zu weit Vorausdenken.
Wer in Gedanken schon mit den Techniken, die er später lernt, beschäftigt ist, wird gegenwärtig unterrichtete nicht lernen.

Wer größere Ziele erreichen will, muss erst jede „Kleine Idee" voll verstehen. Diese ist wiederum Teil eines größeren Konzeptes. Trotzdem bedeutet das nicht, dass der Schüler gar nicht denken soll. Wenn der Schüler nur die physischen Bewegungen der Form, nicht aber die durch die Form ausgedrückten Konzepte lernt, wird er WingTsun® nie meistern. Das Begreifen dieses esoterischen Wissens, nicht die Ausführung der exoterischen Form, ergibt den wahren WingTsun-Kampfkünstler.
Das ist der Grund, warum manche Menschen jahrzehntelang üben und immer noch daran scheitern, das Wesentliche dieser Kampfkunst zu begreifen.

Für jemanden, der WingTsun® ausübt, sollte die „Siu-Nim-Tau" noch eine andere Bedeutung haben. Als WingTsun erstmals eingeführt wurde, veränderte es die traditionellen Konzepte der Kampfkünste. Traditionelle Stile konzentrierten sich darauf, eine „vorgefertigte Abwehrbewegung" gegen eine „vorgefertigte Angriffsbewegung" in einer „Fantasiesituation" zu benutzen. Im richtigen Kampf aber können wir nicht voraussehen, welchen Angriff der Angreifer verwenden wird. Wenn er aber angreift, haben wir keine Zeit, stehen zu bleiben und über die passende Abwehr nachzudenken.
Deshalb betont WingTsun® nicht ein „Angriff/Gegenangriff"-Muster, sondern konzentriert sich auf die Fähigkeit, flexibel darauf zu reagieren und sich anzupassen, egal, welchen Angriff der Gegner macht.
„Verändern aufgrund der Veränderung des Gegners" ist das Motto im WingTsun®. Deshalb ist der wahre Sinn der „Kleinen Idee", dem Anfänger zu raten, dass er erst **„seine Tasse komplett leeren"** (seinen Geist frei von vorgefassten Meinungen machen) muss, sodass er ein komplett neues Konzept aufbauen kann, beginnend mit einer „Kleinen Idee".

Verschiedene Bezeichnungen

Verschiedene wing chun-Stile haben verschiedene Namen für die erste Form. Manche nennen sie **„Siu-Lin-Tau"** (小練頭), was soviel heißt, wie „Ein bisschen am Anfang üben". Andere nennen sie **„Siu-Lam-Tau"** (少林頭) oder „Shaolin Tou" in Mandarin), was bedeutet: *„Vergiss nicht, dass der Ursprung des wing chun im Shaolin liegt"*.

Natürlich kann jede Schule ihre Auffassung durch den Namen, den sie für die Form verwendet, ausdrücken. WingTsun®, das heute weltweit in der IWTA unterrichtet wird, hat den Namen „Siu-Nim-Tau" gewählt, weil dieser eine spezielle philosophische Bedeutung ausdrückt und weil er durch Great Grandmaster Yip Man überliefert wurde.

108 Punkte

Es wurde behauptet, dass die traditionelle Siu-Nim-Tau Form aus 108 „Punkten" bestand. Gerüchteweise hatte ich auch schon davon gehört. Ich kann mich genau erinnern, wie „Late Grandmaster" Yip Man es während eines Gespräches beim Tee selbst erwähnte.
Unglücklicherweise habe ich es versäumt, ihn um eine genaue Erklärung zu bitten. Jahre später, als ich mein Interesse an der Forschung über die Wurzeln des WingTsun gefunden hatte, begann ich danach zu suchen, wie man auf 108 Punkte kommt und was diese bedeuten. Nach intensiver Forschungsarbeit fand ich schlussendlich folgende Erklärung.

Jede einzelne Teilbewegung, die mit einem Arm ausgeführt wird, wird als **„ein Punkt"** gezählt.
Jede einzelne Teilbewegung, die mit beiden Armen gleichzeitig ausgeführt wird, wird als „zwei Punkte" gezählt.

Beachte: Der Begriff „Teilbewegung" bezieht sich nicht auf eine ganze Folge einer bestimmten Bewegung vom Anfang bis zum Ende (z. B. das Zurückziehen der Hand) sondern auf jede kleine Aktion innerhalb der kompletten Technik. So wird die ganze Abfolge vom „Doppelten Gan-Sao" bis zum Zurückziehen der Faust als „acht Punkte" gezählt.

Die 1. Bewegung: der Gekreuzte Tan-Sao (2 Punkte)
Die 2. Bewegung: der gekreuzte Gan-Sao (2 Punkte)
Die 3. Bewegung: Innenrotation zurück zum Brustkorb (2 Punkte)
Die 4. Bewegung: Zurückziehen der Hände (2 Punkte)

(Bitte beachten Sie dazu Seite 16-17, Abbildung 5-10 für Details)

Die Vergangenheit und heute

Weil die heutige Version der Siu-Nim-Tau im Laufe der Jahre modifiziert wurde, besteht sie nicht mehr aus genau 108 Punkten. So waren zum Beispiel in der Mitte der alten Siu-Nim-Tau Form zwei separate Bewegungsfolgen.

Die erste Sequenz startete mit dem linken *Gam-Sao* und endete direkt hinter der Doppel Fak-Sao Bewegung mit der Doppel *Lan-Sao*-Bewegung. Die zweite Sequenz begann mit dem Doppel *Jam-Sao* und ging bis zum Zurückziehen der Doppelfäuste *(Sao-Kuen)*. Im mittleren Teil der jetzigen Siu-Nim-Tau sind aber die zwei Sektionen miteinander verbunden, um eine zusammenhängende Folge von Bewegungen vom linken *Gam-Sao* bis zum Zurückziehen der Doppelfäuste zu bilden. *(Details auf Seite 38 - 45, Abbildung 81 - 105)*

Zweifellos sind die Versionen der Siu-Nim-Tau, welche der verstorbene Großmeister Yip Man gelernt hat, und jene, die er selbst später an seine Schüler weitergegeben hat, etwas unterschiedlich. Es ist auch offensichtlich, dass die Version der Siu-Nim-Tau, die „Late Grandmaster" Yip Man an seine Schüler in Foshan/China unterrichtet hat, und jene Version, die er später in Hongkong gezeigt hat, nicht genau dieselbe ist. Dennoch ist die Frage, wer die Bewegungen der Form wirklich verändert hat, nicht geklärt.

Warum traditionell?

Wer Kampfkunst oder eine andere Sache studiert, sollte versuchen, die essenziellen Konzepte zu erfassen, statt sich zu sehr auf den Ursprung oder die Abstammung von einem oder zwei konkreten Punkten zu konzentrieren, um selbst damit zu glänzen, wie „authentisch" oder wie „traditionell" die Kampfkunst ist.

Es ist ein offensichtlich schwerer Fehler, an einer konservativen und sturen Haltung haften zu bleiben, und es führt zur Vernachlässigung der Unterscheidung zwischen „guten" und „schlechten" bzw. „richtigen" und „falschen" Techniken. Für einen WingTsun-Anwender ist es besonders wichtig zu lernen, wie er sehr flexible und schnell angepasste Techniken im Kampf anwenden kann. Wen interessiert es, wie „traditionell" die Techniken sind, wenn sie sich im Kampf als unwirksam entpuppen?

Struktur und Charakteristik

Eine der Eigenheiten der Siu-Nim-Tau-Form ist es, dass der Anwender, wenn er einmal den „*Yee-Gee-Kim-Yeung-Ma*" (二字拑羊馬) oder „Schriftzeichen Zwei Adduktions-Stand" eingenommen hat, die Beine während der ganzen Form nicht mehr bewegt. Dieser Stand kräftigt gleichzeitig die Beine, während der Schüler die Handtechniken übt.

Zusätzlich hat die Einfachheit dieses Standes den Vorteil, dass der WingTsun-Schüler schon am ersten Tag des Unterrichts beginnen kann, die Handtechniken zu lernen, anstatt vorher, wie in anderen Stilen, eine längere Zeit komplizierte Standtechniken zu erlernen.

Die Wichtigkeit der Atmung

Beim Üben der Siu-Nim-Tau ist es wichtig, richtig zu atmen, speziell während des dritten Satzes der Siu-Nim-Tau. Während dieses Bewegungsablaufes sollte die so genannte „*Yip-Fu-Kap*" (逆呼吸) oder „*Ni-Hu-Xi*" in Mandarin) oder „*Umgekehrte Atmung*" ausgeführt werden. Dies ist eine spezielle Form einer kontrollierten Atmung, die auch im Chi Kung-Training verwendet wird.

Bei der „Umgekehrten Atmung" wird durch die Nase ein- und durch den Mund ausgeatmet. Während beim normalen Atmen einfach die Lunge ausgedehnt und zusammengezogen wird, wird bei der „Umgekehrten Atmung" der Bauch- bzw. Unterleibsbereich ausgedehnt bzw. zusammengezogen. Dies ermöglicht eine Steigerung der Luftmenge, welche mit jedem Atemzug in die Lungen gelangt. Dadurch kann mehr Sauerstoff ins Blut gelangen.

Das Erlangen innerer Kraft

Wenn jemand qualifizierten Unterricht erhält und den richtigen Stand beim Üben des dritten Satzes der Siu-Nim-Tau praktiziert, wird er feststellen, dass sein Körper schon nach kurzer Zeit auf eine ganz bestimmte Art reagiert. Die Körpertemperatur steigt, die Blutgefäße dehnen sich aus und das Blut kann besser fließen. In wärmeren Klimazonen wird der Übende stark schwitzen, in kälteren Gebieten unter Umständen zu dampfen beginnen. Die Atmung wird sich verlangsamen und tiefer werden.
Diese Reaktion zeigt, dass der Übende begonnen hat, in das Stadium des „*Nei-Kung*" (內功) oder des „Erreichens der inneren Stärke" einzutreten.

Wer einen fortgeschrittenen Grad des „*Nei-Kung*" erreicht hat, ist fähig, eine Demonstration der „Schwarzen Hand" mittels einer *Tan-Sao*-Bewegung zu geben. Bei dieser Vorführung wird die Handfläche beim *Tan-Sao* zuerst dunkelrot, dann vielleicht sogar violettschwarz und ist dann viel kälter als der Rest des Köpers. Wenn der Fortgeschrittene vom *Tan-Sao* in den *Wu-Sao* (Schützender Arm) wechselt, kehrt seine Handfläche augenblicklich zur natürlichen Farbe und Temperatur zurück. Dies demonstriert die inneren Fähigkeiten, welche durch das Üben der Siu-Nim-Tau entwickelt werden können.

Alle anderen Bewegungen der Siu-Nim-Tau-Form sollten in normaler Geschwindigkeit ausgeführt werden und beinhalten drei verschiedene Handflächenstöße, die drei elementaren Verteidigungstechniken (Tan-Sao,

Bong-Sao und Fok-Sao), Verteidigungstechniken für den oberen, den mittleren und den unteren Bereich, Kettenfauststöße und all die anderen Techniken dieser scheinbar kurzen, einfachen und wie Aerobic aussehenden waffenlosen Form.

Befreie dich von deiner eigenen Kraft! Befreie dich von der Kraft des Gegners! Nutze die Kraft des Gegners!

WingTsun® betont die Fähigkeit, die Kraft des Gegners gegen ihn zu richten. Um diese Umkehrung der Kraft erfolgreich zu bewerkstelligen, muss der WingTsun-Praktizierende drei wesentliche Mottos meistern können. Als Erstes muss er sich **„Von seiner eigenen Kraft befreien"**. Als Zweites muss er sich **„von der Kraft des Gegners befreien"**. Drittens muss er fähig sein, **„die Kraft des Gegners zu nutzen"**, sie also zu borgen und beim Konter gegen ihn zu verwenden.

Wenn ein Kämpfer nur „Kraft gegen Kraft" einsetzen kann, wird der Stärkere gewinnen. Deshalb muss der Schwächere die gegnerische Kraft ins Leere laufen lassen. **Wenn ein Kämpfer fähig ist, sich von der gegnerischen Kraft zu befreien, dann spielt die Stärke des Gegners keine Rolle. Wo kein Widerstand ist, kann die Kraft des Angreifers nicht ansetzen.** *(Das gleiche Konzept, aber mit unterschiedlichen Techniken, wird von spanischen Stierkämpfern verwendet, wenn sie gegen einen heftig angreifenden Stier kämpfen.)* Schlussendlich kann ein meisterhafter WingTsun®-Anwender sogar die gegnerische Kraft nutzen, um seinen eigenen Gegenangriff zu verstärken.

Die Muskeln entspannt halten

Viele machen den Fehler, dass sie ihre Muskeln anspannen, wenn sie einen Fauststoß machen.
Die Gesamtwirkung des Fauststoßes wird durch diese Spannung aber geschwächt, weil sowohl die Streck- als auch die Beugemuskeln kontrahiert werden und so gegeneinander arbeiten. Die Streckmuskeln führen den Fauststoß aus, während die Beugemuskeln die Faust zurückziehen. Wenn bei einem Fauststoß beide Muskelgruppen angespannt werden, verschwendet der Strecker einen Teil seiner Energie, um die Spannung des Beugers zu überwinden. Wenn aber die Beugermuskeln entspannt sind, geht die ganze Kraft der Streckermuskeln in den Fauststoß. Deshalb ist es so wichtig, während des Übens der Siu-Nim-Tau-Form die Muskeln entspannt zu halten.

Die richtige Art, die Siu-Nim-Tau-Form zu üben

Die Siu-Nim-Tau soll entspannt aber konzentriert ausgeführt werden. Die Knie werden aufeinander zugedrückt. Das Gesäß sollte angespannt und zusammengedrückt werden. Die Augen folgen den Bewegungen der Arme, die Atmung ist ruhig, natürlich und rhythmisch. Jedes Gefühl von Aufregung oder Ungeduld vor der Übung sollte vermieden werden.

Jede Bewegung in der Siu-Nim-Tau hat ihre eigene spezielle Bedeutung und Funktion. Leider gibt es manchmal unqualifizierte Lehrer, welche nicht fähig sind, ihren Schülern diese Bedeutung richtig zu erklären. Manchmal ist aber auch der Schüler zu ignorant, um die praktischen Anwendungen der Bewegungen zu verstehen. Deshalb ist es auch möglich, ein Leben lang damit zu verbringen, eine Kampfkunst auszuüben, ohne je wirklich gut zu werden. Schon Konfuzius sagte: **„Ohne rationelles Denken wird das Lernen verwirrend."**

Am Anfang kann das Üben der Siu-Nim-Tau anstrengend sein. Wenn jemand aber qualitativ guten Unterricht von einem gewissenhaften Lehrer erhält und die Form konsequent macht, wird er bald fühlen, wie die Energie während des Übens der Siu-Nim-Tau steigt, und vielleicht sogar den „Zustand von Glück" erleben. Diese Effekte können lang anhalten.
Deshalb sollte man die Siu-Nim-Tau nie als einfache „Aerobicübung" oder als „Anfängerform" betrachten.

Die folgenden Mottos sind nützlich beim Üben der Siu-Nim-Tau:

> **Drücke deinen Kopf Richtung Himmel und stehe fest am Boden.**
> (頂天立地)
> **Kopf hoch mit horizontalem Blick** (挺腰收腹)
> **„Aufnahmefähiger" Brustkorb und aufgerichteter Rücken**
> (眼隨手到)
> **Hüfte gerade und Bauch einziehen** (涵胸拔背)
> Bei allen Bewegungen der Arme zu beachten:
> **Tiefer Ellbogen und entspannte Schulterhaltung**
> (挺腰收腹)
> Wenn eine Armbewegung erfolgt:
> **Schau in die Richtung der Handbewegung.** 沈肘落膊)

Bitte beachten Sie auch das Kapitel **„Wichtige Punkte"** und **„Mottos der Siu-Nim-Tau"**, um weitere Details zu erfahren.

„Kleine Idee" – die erste WingTsun Form

Siu-Nim-Tau

Vorgeführt von
Großmeister Cheng Chuen Fun
(9. Grad „Man of Arrival" = „der Mann, der angekommen ist")

Einnehmen des Yee-Gee-Kim-Yeung-Ma (Abbildung 1-4)

Entspannen. Gerade stehen, Füße zusammen, Arme seitlich, Hände offen. Fäuste machen und Arme hochziehen, sodass sie nahe der Achselhöhle auf Brusthöhe sind. Knie beugen, den Oberkörper vertikal absenken.

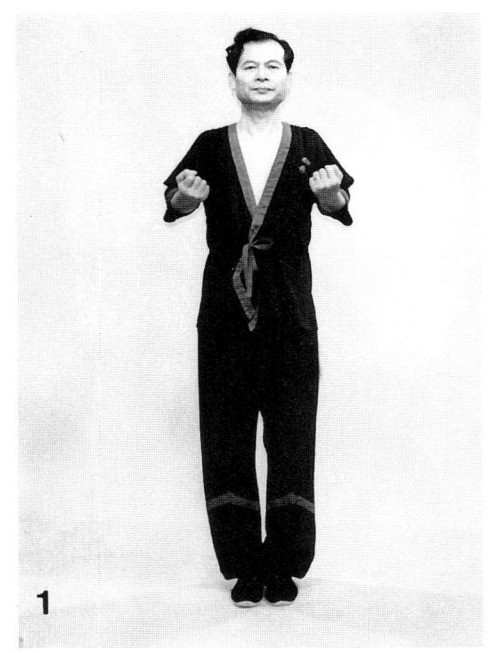

Die Füße werden so weit wie möglich nach außen gedreht, wobei die Ferse den Drehpunkt bildet. Dann werden die Zehenspitzen als Drehpunkt verwendet und die Fersen nach außen gedreht, bis beide Füße ein gleichseitiges Dreieck am Boden formen (60° zueinander). Dies ist der **Yee-Gee-Kim-Yeung-Ma** oder „Schriftzeichen zwei Adduktions-Stand". Das Gesäß wird angespannt und „eingezogen". (Weitere Details im Kapitel: *„Über die wichtigen Punkte"*)

Gau-Cha-Tan-Sao – Gau-Cha-Gan-Sao – Kwan-Sao – Sao-Kuen (5-10)
Die Hände öffnen und die Arme vor dem Körper links über rechts kreuzen, sodass der **Gau-Cha-Tan-Sao** entsteht. Beide Arme nach unten schlagen (**Gau-Cha-Gan-Sao**). Dann werden die Arme nach oben rotiert (**Kwan-Sao**) bis der Gekreuzte Tan-Sao wieder erreicht ist. Die Rotation erfolgt von innen nach außen. Zum Schluss werden die Arme wieder zurückgezogen zur ursprünglichen Position (**Sao-Kuen**).

A: Seitenansicht des Gau-Cha-Tan-Sao (Gekreuzte Handfläche nach oben Arme)

B: Seitenansicht des Gau-Cha-Gan-Sao (Gekreuzter schneidender Arm)

Linker Yat-Gee-Chung-Kuen – Huen-Sao – Sao-Kuen (11-17)
Die linke Faust wird vertikal zur Mitte des Brustkorbes gebracht, sodass sie dem chinesischen Schriftzeichen „**Sonne**" (日) gleicht. Mit voller Kraft entlang der Zentrallinie nach vorne stoßen (**Yat-Gee-Chung-Kuen**). Wenn der Arm voll gestreckt ist, wird die Handfläche nach oben geöffnet und nach innen gedreht (**Huen-Sao**). Nun die Faust wieder zurückziehen.

Rechter Yat-Gee-Chung-Kuen (oder Schriftzeichen Sonne Fauststoß) – Huen-Sao – Sao-Kuen (18-24)
Wiederholung der Bewegung mit dem rechten Arm.

Seitenansicht (a-h): Der komplette Ablauf vom linken „Schriftzeichen Sonne Fauststoß" bis zum Zurückziehen zu Sao-Kuen.

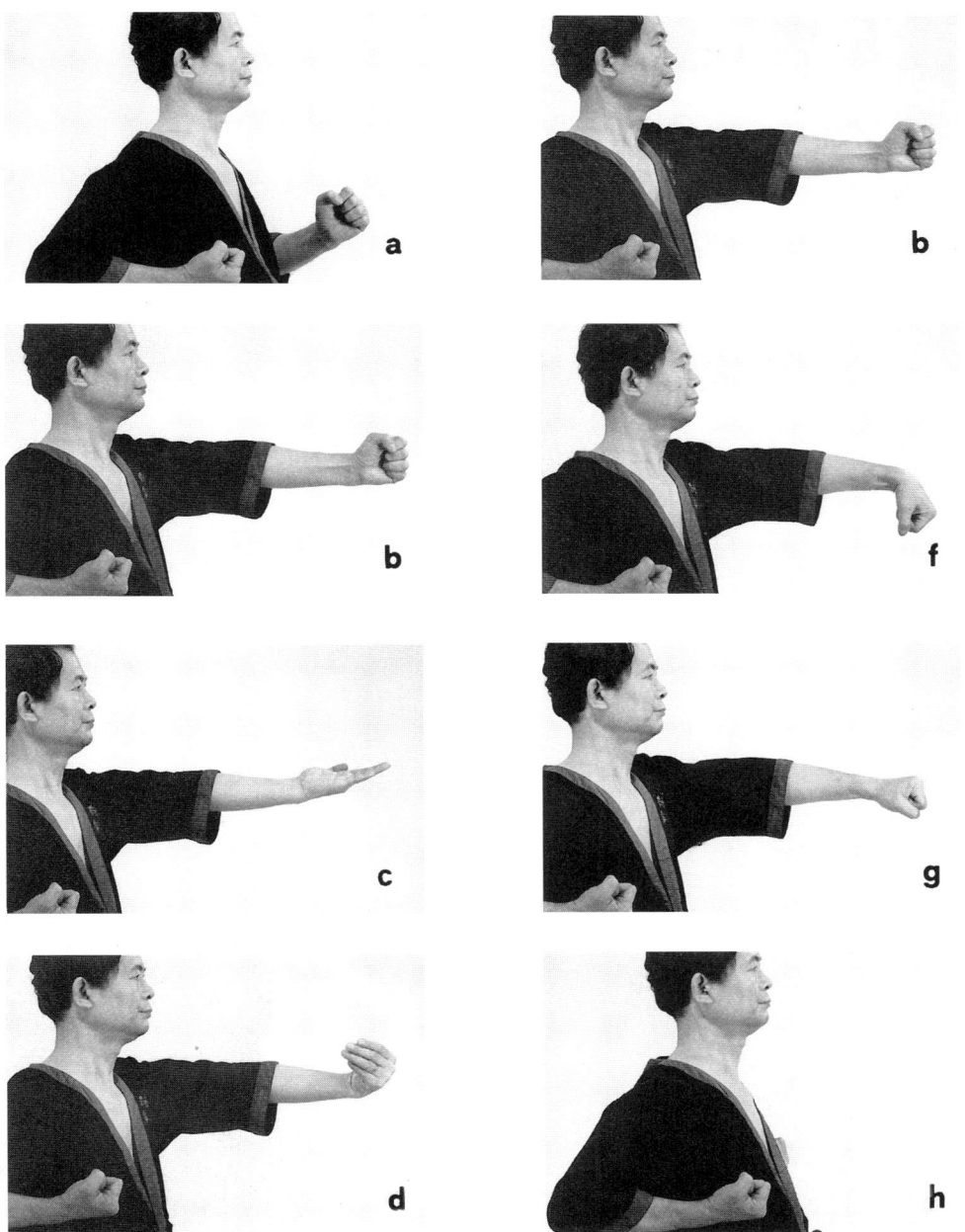

Tan-Sao (25-27)
Die linke Handfläche wird nach oben geöffnet und langsam mit Druck vom Ellbogen entlang der Zentralline nach vorne geschoben, bis der Ellbogen eine Faust breit vom Brustkorb entfernt ist.

Tan-Sao (攤手 oder wörtlich übersetzt als „Handfläche nach oben-Arm".
Details auf Seite 74

Bon-Huen-Sao – Wu-Sao (28-31)
Mit dem Bon-Huen-Sao oder der „Halben Zirkelhand" wird die linke Handfläche nach innen gebogen und langsam nach unten gedreht. Dann werden die Finger nach außen hochgezogen, bis die Hand vertikal vor dem Brustkorb steht und die **Wu-Sao**-Position (Schützender Arm) bildet. Anschließend wird die **Wu-Sao** langsam zurückgezogen, bis der Ellbogen eine Faustbreit von der Taille entfernt ist.

Fok-Sao – Bon-Huen-Sao – Wu-Sao (32-36)
Die Handfläche wird langsam nach unten gebeugt, um einen **Fok-Sao** zu bilden. Dann wird der Arm langsam entlang der Zentrallinie nach vorne geschoben, bis der Ellbogen eine Faust breit vom Brustkorb entfernt ist. Die Finger werden nach unten, nach außen und nach oben gezogen (**Bon-Huen-Sao**) um wieder eine **Wu-Sao** zu bilden. Anschließend wird die Wu-Sao langsam zurückgezogen, bis der Ellbogen eine Faustbreite von der Taille entfernt ist.

Zweiter Fok-Sao – Bon-Huen-Sao – Wu-Sao (37-41)
Die Hand wird wieder nach unten zu *Fok-Sao* gedreht. Langsam wird der Arm entlang der Zentrallinie nach vorne geschoben. Die Hand wird gedreht, um die *Wu-Sao*-Position zu bilden. Dann wieder Zurückziehen der Hand zum Brustkorb.

Dritter Fok-Sao – Bon-Huen-Sao – Wu-Sao (42-45)

Die Hand wird wieder nach unten zu *Fok-Sao* gedreht. Langsam wird der Arm entlang der Zentrallinie nach vorne geschoben. Die Hand wird gedreht, um die *Wu-Sao*-Position zu bilden. Dann wieder Zurückziehen der Hand, bis der Ellbogen eine Faustbreite vom Brustkorb entfernt ist.

Yark-Cheung – Ching-Cheung – Huen-Sao (46-52)

Die Handfläche wird dynamisch so weit nach rechts gebracht, bis sie auf Schulterbreite ist (**Yark-Cheung**). Dann Zurückziehen der Hand bis zur Mitte des Brustkorbes und Schlag mit der Handfläche nach vorne (**Ching-Cheung**). Wenn der Arm ganz gestreckt ist, wird die Handfläche nach oben gedreht, die Handfläche nach innen gedreht und eine horizontale Faust gebildet. Dann Zurückziehen der Faust.

Details über folgende Techniken finden Sie unter „Anwendung und Analyse der Bewegungen": *Fok-Sao* (Arm auf der Brücke oder Aufliegender Arm), *Wu-Sao* (Schützender Arm), *Yark-Cheung* (Seitliche Handfläche), *Ching-Cheung* (Aufgerichtete Handfläche) und *Huen-Sao* (Zirkelhand).

Abbildung a-k

Die Seitenansicht zeigt die korrekten Positionen während des Ablaufes des *Tan-Sao* (a-b), *Huen-Sao* (c-e), *Wu-Sao* (f-g), *Fok-Sao* (h-i), *Yark-Cheung* (j) und *Ching-Cheung* (k). (Beachte: *Die wiederholten Bewegungen von Fok-Sao und Wu-Sao in diesem Bewegungsablauf wurden ausgelassen.*)

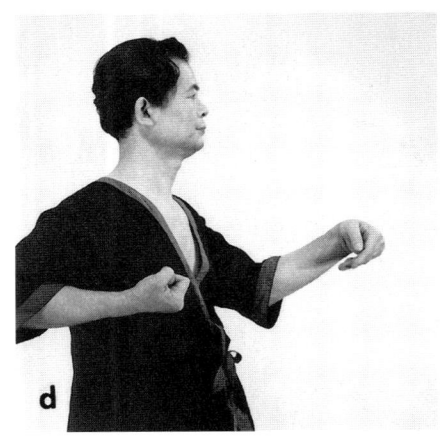

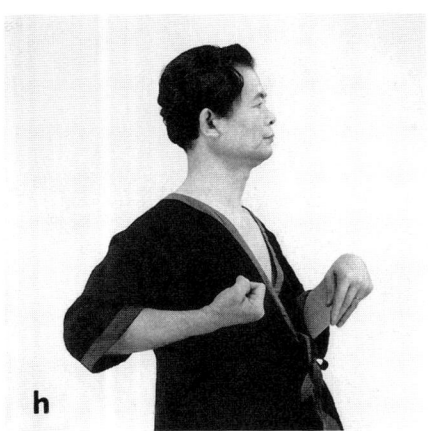

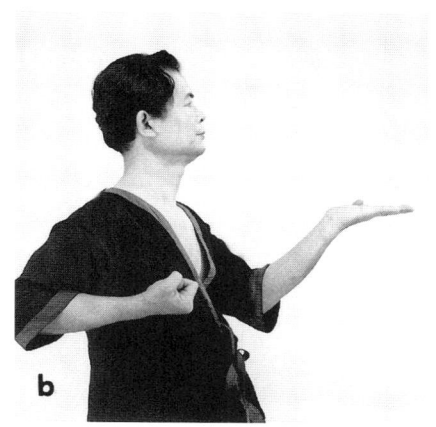

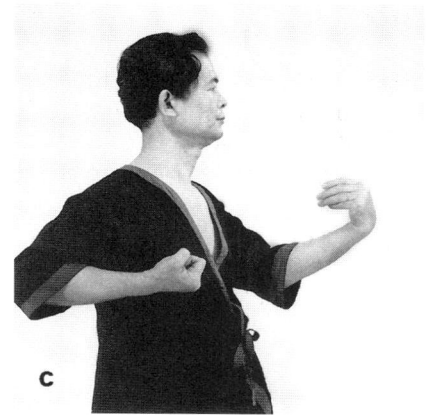

Tan-Sao – Bon-Huen-Sao – Wu-Sao mit dem rechten Arm (53-59)
Beachten Sie bitte die Erklärungen für die Bewegungen mit dem linken Arm.

Fok-Sao – Bon-Huen-Sao – Wu-Sao mit dem rechten Arm (60-64)
Beachten Sie bitte die Erklärungen für die Bewegungen mit dem linken Arm.

Zweiter Fok-Sao – Bon-Huen-Sao – Wu-Sao mit dem rechten Arm (65-68)

63

64

Details über folgende Techniken finden Sie unter „*Anwendung und Analyse der Bewegungen*": *Fok-Sao* (Arm auf der Brücke oder Aufliegender Arm), *Wu-Sao* (Schützender Arm), *Yark-Cheung* (Seitliche Handfläche), *Ching-Cheung* (Aufgerichtete Handfläche) und *Huen-Sao* (Zirkelhand).

67

68

Dritter Fok-Sao – Bon-Huen-Sao – Wu-Sao mit dem rechten Arm (69-72)
Beachten Sie bitte die Erklärungen für die Bewegungen mit dem linken Arm.

Yark-Cheung (Seitliche Handfläche) – **Ching-Cheung** (Aufgerichtete Handfläche) – **Huen-Sao** (Zirkelhand) – **Sao-Kuen** (Zurückziehen der Faust) **mit dem rechten Arm** (73-80)
Beachten Sie bitte die Erklärungen für die Bewegungen mit dem linken Arm.

Jor-Gam-Sao (81-82)

Die linke Handfläche wird an der Körperseite entlang dynamisch nach unten gestreckt. Dies ist der **Jor** (linke) **Gam-Sao**. *(Beachte: Beim Ausführen der Gam-Sao-Technik soll die Kraft von der Handwurzel ausgehen.)*

Yau-Gam-Sao (83-84)

Wenn der linke Arm voll gestreckt ist, wird die linke Handfläche dynamisch entlang des Körpers nach unten gestreckt. Das ist der **Yau** (rechte) **Gam-Sao** der Siu-Nim-Tau-Form.

Chin-Hau-Gam-Sao (Hinterer und vorderer Gam-Sao) (85-90)

Beide Hände werden hinter dem Rücken positioniert und gerade nach hinten gestoßen. Nun beide Hände nach vorne vor die Brust bringen und in einem kleinen Winkel nach vorne unten stoßen.

87

88

a: Seitenansicht des Hau-Gam-Sao (hinterer Gam-Sao)
b: und Chin-Gam-Sao (vorderer Gam-Sao)
(Bitte beachten Sie Seite 82-88 für nähere Details zur *Gam-Sao*-Bewegung.)

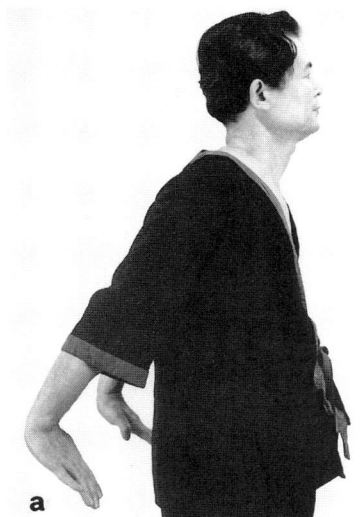
a

b

Shang-Lan-Sao – Shang-Fak-Sao (91-93)

Die Arme werden gebeugt und in eine horizontale Position vor dem Körper gebracht, wobei der linke Arm über dem rechten Arm liegt (Shang-Lan-Sao). Nun werden die Arme schnell seitlich auf Schulterhöhe ausgebreitet, bis sie voll gestreckt sind (**Shang-Fak-Sao**).

Shang-Lan-Sao – Shang-Jam-Sao (94-97)

Beide Arme werden wieder in die **Shang-Lan-Sao** (Doppelte Riegelarme) Position gebracht, diesmal der rechte Arm über dem linken. Nun wird der linke Unterarm leicht innerhalb des rechten Armes gezogen. Jetzt beide Arme nach vorne „rollen", bis sie parallel zueinander vor dem Brustkorb stehen, um den **Shang-Jam-Sao** zu bilden.

98

99

Shang-Tan-Sao – Shang-Jat-Sao – Shang-Biu-Tze-Sao (98-101)
Die Ellbogen werden leicht angehoben, die Handflächen zeigen nach oben und bilden den **Shang** (Doppel) **Tan-Sao**. Nun werden sie nach unten gedreht und beide Arme werden gleichzeitig schnell abgesenkt (**Doppel Jat-Sao**). Nun werden beide Arme mit gestreckten Fingern nach vorne gestoßen (**Doppelter Biu-Tze-Sao**).

102

103

Cheung-Kiu-Gam-Sao – Shang-Tai-Sao – Sao-Kuen (102-105)
Jetzt wird durch Aufbringung der Kraft aus der Schulter und Runterdrücken beider Handflächen der **Cheung-Kiu-Gam-Sao** (Lange Brücke Gam-Sao) ausgeführt. Die voll gestreckten Arme vertikal mit der Kraft aus den Schultern hochreißen. Zurückziehen der Arme.

Abbildung a-k:
Seitenansicht von Shang-Lan-Sao bis zum Zurückziehen der Faust.

Beachten Sie, dass in allen „Kurze Brücken"-Bewegungen die Kraft aus dem Ellbogengelenk entwickelt wird. In den „Lange Brücken"-Bewegungen *Cheung-Kiu-Gam-Sao* (Lange Brücke Gam-Sao) und *Shang-Tai-Sao* (Doppelte Hebende Arme) sind die Arme gestreckt und das Ellbogengelenk verriegelt, somit geht die Kraft von der Schulter aus.
(Beachten Sie Seite 92-100).

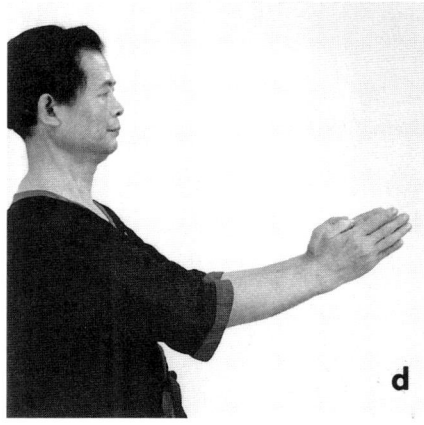

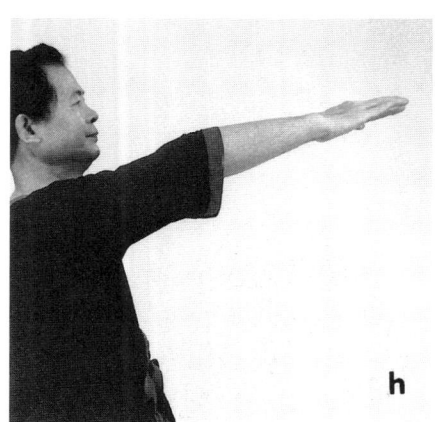

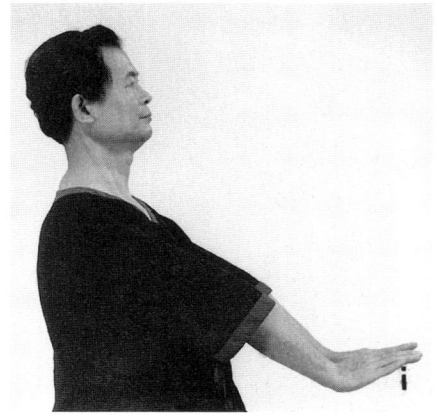

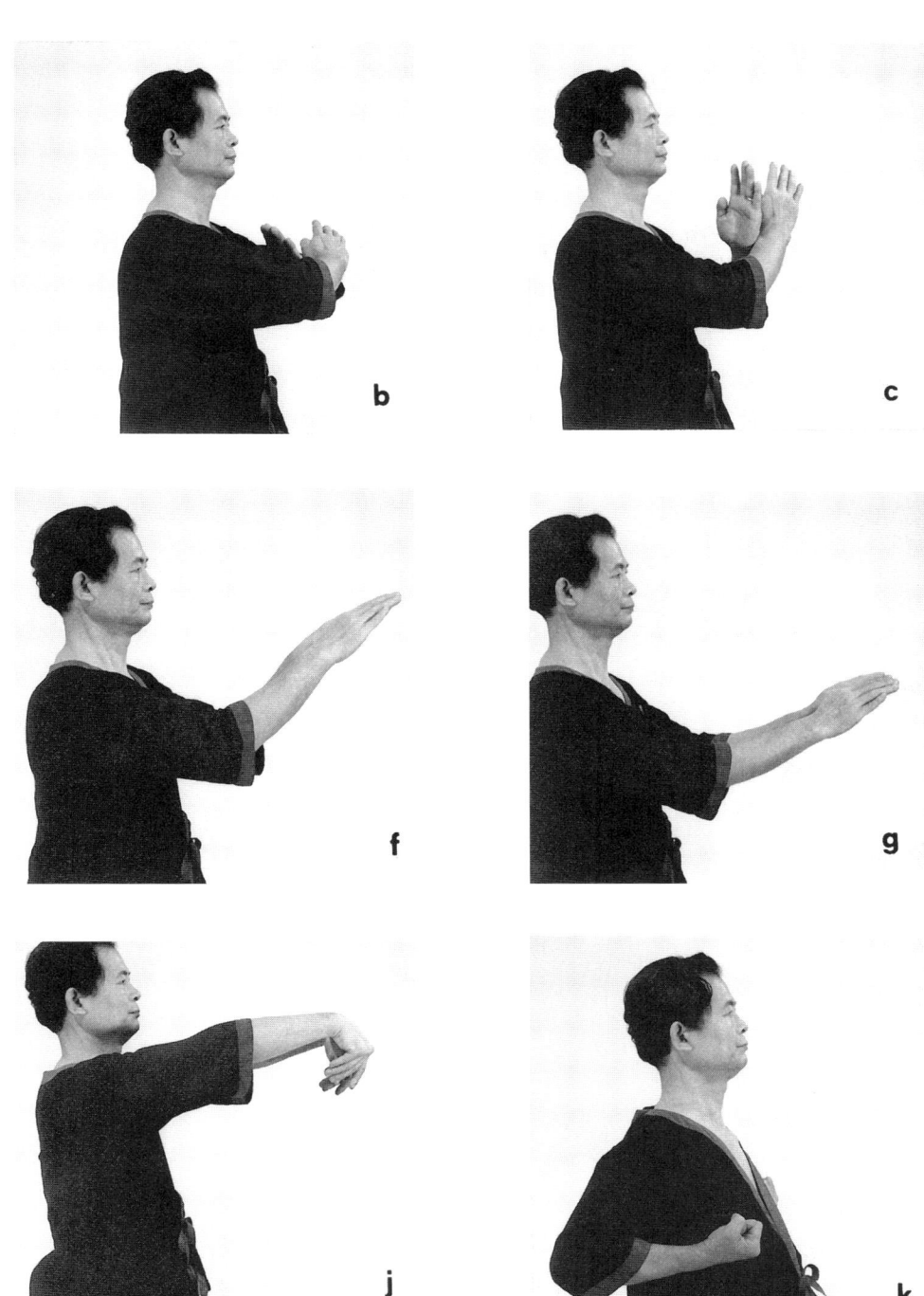

106

107

Yark-Cheung – Wang-Cheung (106-109)

Die linke Handfläche wird dynamisch nach rechts bis Außenkante Schulter gebracht. Dann wird die Handfläche bis zur Mitte des Brustkorbes zurückgezogen. Nun die Handfläche nach unten drehen, um den **Wang-Cheung** (Liegende Handfläche) zu bilden. Vorstoßen, bis der Arm vollständig gestreckt ist.

110

111

Huen-Sao – Sao-Kuen (110-113)
Handfläche nach oben drehen, nach oben biegen und nach innen drehen, Faust bilden. Den Arm seitlich am Körper zurückziehen.

114 **115**

Rechter Yark-Cheung (Seitliche Handfläche) – Wang-Cheung (Liegende Handfläche) – Huen-Sao (Zirkelhand) – Sao-Kuen (Zurückziehen der Faust) (114-121)
Die vorige Sequenz wird mit der rechten Hand wiederholt.

118 **119**

116

117

120

121

Tan-Sao – Jam-Sao – Gwat-Sao (122-125)
Der linke Arm wird dynamisch entlang der Zentrallinie vorgeschoben, um einen **Tan-Sao** zu bilden. Wechseln in **Jam-Sao**, indem der Ellbogen abgesenkt wird und die Handfläche ein wenig nach unten sinkt. Jetzt erfolgt **Gwat-Sao**, wobei der Arm im Uhrzeigersinn locker nach unten gedreht wird, bis er an der Außenseite des linken Fußes angelangt ist.

Lau-Sao – Ko-Tan-Sao – Dai-Cheung (126-131)

Drehe die linke Handfläche nach oben und hebe den Unterarm nach oben (**Lau-Sao**), bis die Handfläche auf Höhe des Ohrs ist (**Ko-Tan-Sao**). Drehe die Hand langsam, bis die Handfläche horizontal steht, dann nach unten in Hüfthöhe strecken (**Dai-Cheung**).

Huen-Sao – Sao-Kuen (132-136)

Drehe die linke Handfläche nach oben, während sie in der tiefen Position verbleibt, dann drehe im Uhrzeigersinn und bilde eine Faust. Schlussendlich wird die Faust zur Achselhöhle zurückgezogen.

132

133

Lesen Sie mehr über die Details von *Gwat-Sao, Lau-Sao, Ko-Tan-Sao* und *Dai-Cheung* auf Seite 101-106.

136

137

138

139

Rechter Tan-Sao (Handfläche nach oben Arm) – Jam-Sao (Sinkender Arm) – Gwat-Sao (Wischender Arm) – Lau-Sao (Schöpfender Arm) – Dai-Cheung (Tiefe liegende Handfläche) und Sao-Kuen (Zurückziehen der Faust) (137-149)

Nun werden die vorher beschriebenen Bewegungen mit dem rechten Arm ausgeführt.

142

143

140

141

144

145

146

147

148

149

Abbildung a-h:
Seitenansicht der Sequenz *Tan-Sao* (Handfläche nach oben Arm), *Jam-Sao* (Sinkender Arm), *Gwat-Sao* (Wischender Arm), *Lau-Sao* (Schöpfender Arm), *Ko-Tan-Sao* (Hoher Handfläche nach oben Arm), *Dai-Cheung* (Tiefe liegende Handfläche), *Huen-Sao* (Zirkelhand) und *Sao-Kuen* (Zurückziehen der Faust).

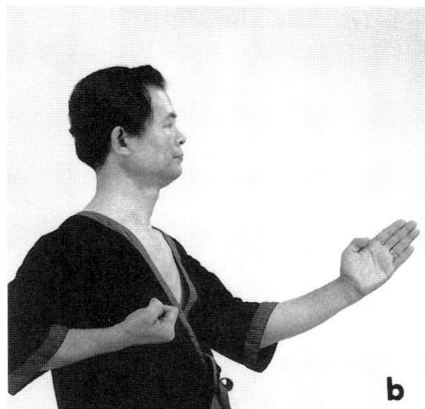

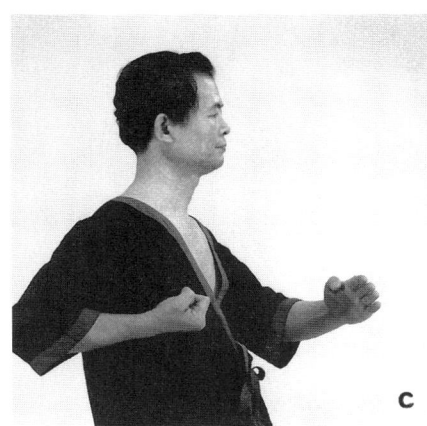

f

150

g

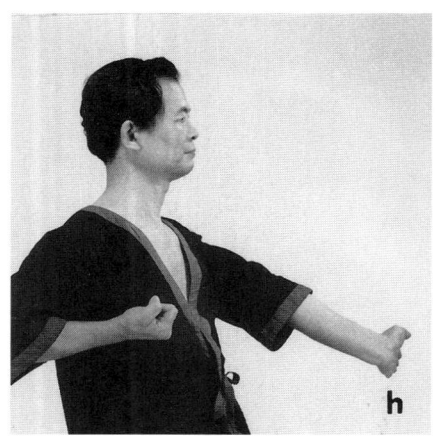

h

153

151

152

Bong-Sao – Tan-Sao – Ong-Cheung (150-154)

Der Ellbogen des linken Armes wird nach vorne geschoben und die linke Hand geöffnet. Der Ellbogen wird in Richtung der Zentrallinie geschwenkt, um die **Bong-Sao**-Position zu erreichen. Den Ellbogen absenken und die Handfläche nach oben umdrehen, sodass ein **Tan-Sao** entsteht. Nun die Finger nach unten fallen lassen und entlang der Zentrallinie nach vorne stoßen, bis der Arm vollständig gestreckt ist (**Ong-Cheung**).

154

155

Tan-Sao – Huen-Sao – Sao-Kuen (155-158)

Die linke Hand wird gehoben, sodass **Tan-Sao** entsteht. Nun Drehen der Hand und Zurückziehen der Faust.

Rechter Bong-Sao (Schwingenarm) **– Tan-Sao** (Handfläche nach oben Arm) **– Ong-Cheung** (Umgedrehte Handfläche) **(159-164)**
Ausführen der Abfolge wie oben beschrieben mit dem rechten Arm.

Rechter **Tan-Sao** (Handfläche nach oben Arm) – **Huen-Sao** (Zirkelhand) – **Sao-Kuen** (Zurückziehen der Faust) (165-169)
Dabei wird die Bewegung wie in der vorigen Sequenz mit dem rechten Arm ausgeführt.

166

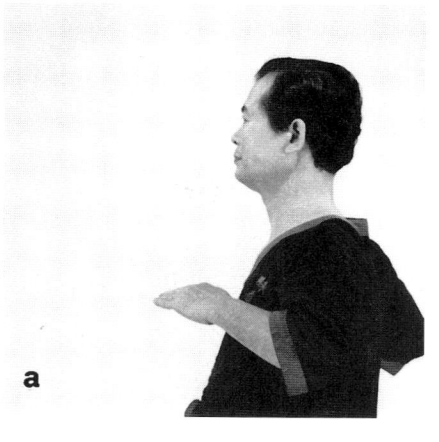

a

Abbildung a-f:
Seitenansicht der Sequenz von *Bong-Sao* zu *Ong-Cheung*. Beachten Sie, dass beim Ausführen des *Bong-Sao* der Ellbogen erst nach oben bewegt wird, bevor er nach vorne gezogen wird.

→

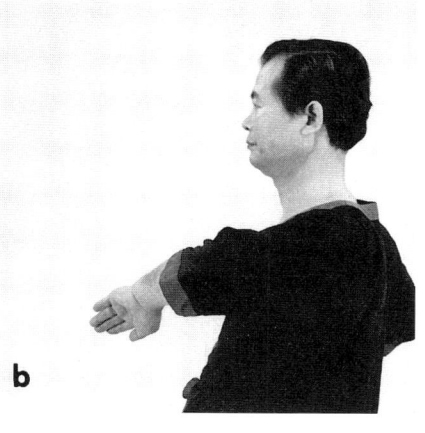

b

169

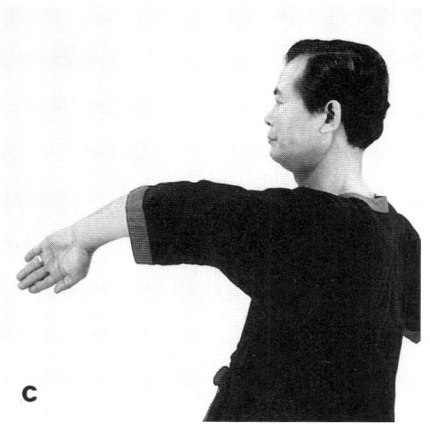

c

d

170

Beachten Sie: Die Kraft des Handflächenstoßes wird vom Ellbogen aus entwickelt und fokussiert sich am Schluss in der Handwurzel.

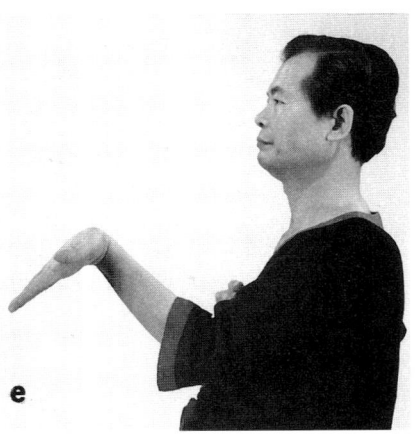
e

f

173

Tut-Sao (170-172)

Der linke Arm wird diagonal nach unten gestoßen, wobei die Handfläche nach innen zeigt. Die rechte Handfläche zeigt nach oben und wird in Höhe des linken Ellbogengelenkes angesetzt. Die rechte Handfläche wird nun entlang des linken Armes nach unten geschoben, während der linke Arm nach oben gezogen wird, bis die linke Hand mit der Handfläche nach oben am rechten Ellbogengelenk ruht.

Tut-Sao (Fortsetzung) (173-175)
Während der rechte Arm nun vor dem Unterkörper diagonal gestreckt ist, wird die linke Handfläche entlang des rechten Armes nach unten gestoßen, während der rechte Arm nach oben gezogen wird, bis die rechte Hand mit der Handfläche nach oben am linken Ellbogengelenk ruht. Die rechte Handfläche nun entlang des linken Armes nach unten stoßen, während der linke Arm nach oben gezogen wird, bis die linke Hand eine Faust vor dem Brustkorb bildet.

178

179

Lin-Wan-Chung-Kuen – Sao-Sik (176-178)
Ein Fauststoß mit dem linken Arm wird entlang der Zentralline ausgeführt. Wenn der Arm ganz gestreckt ist, wird umgehend die rechte Faust entlang der Zentrallinie nach vorne gestoßen, während die linke Faust unter dem rechten Arm zurückgezogen wird, bis sie eng am Brustkorb steht. Diese Bewegung wird einige Male mit hoher Geschwindigkeit ausgeführt (**Lin-Wan-Chung-Kuen**). Zum Schluss werden **Huen-Sao** und **Sao-Sik** (Endbewegung) ausgeführt.

182

183

Diagramm a-h: Seitenansicht der Sequenz von **Tut-Sao** (Befreiende Arme) bis **Lin-Wan-Chung-Kuen** (Kettenfauststöße). Bitte beachten Sie die Distanz zwischen den Armen und dem Körper.

c

d

g

h

Anwendungen und Analyse der Bewegungen

Gau-Cha-Gan-Sao (交叉捭手 oder gekreuzter schneidender Arm)

Der gekreuzte Gan-Sao in der Siu-Nim-Tau Form ist eine „Doppelbewegung", d. h., es werden eigentlich zwei tiefe Gan-Saos zur gleichen Zeit ausgeführt. In der praktischen Anwendung sollten Sie eigentlich einzeln verwendet und mit anderen passenden Techniken kombiniert werden.

Der tiefe *Gan-Sao* wird normalerweise in Kombination mit dem „*Zeichen Sonne Fauststoß*" verwendet, um einen mittleren oder tiefen Angriff abzulenken und gleichzeitig zu kontern. Zusätzlich ist zu beachten, dass der tiefe *Gan-Sao* generell mit einer kleinen Seitwärtswendung des Körpers verwendet, wird um die Effektivität zu erhöhen. Wird zum Beispiel der linke *Gan-Sao* verwendet, so wird der Körper leicht nach links gedreht, sodass einem Angriff des Gegners ausgewichen wird. Dieses seitliche Ausweichen ist dann besonders wichtig, wenn ein Tritt abgewehrt wird.

Es demonstrieren:
Sifu Lau Ka Sun (links)
Sifu Yen Yiu Wing (rechts)

Ein häufiger Fehler:

Der Vorführende hat beide Arme gebeugt, deswegen kann er seinen Unterleib auch nicht schützen. Auch sind seine Arme zu nah am Körper positioniert. In dieser Position kann er nicht schnell genug reagieren, um einen Fauststoß oder einen Tritt des Gegners abzuwehren.

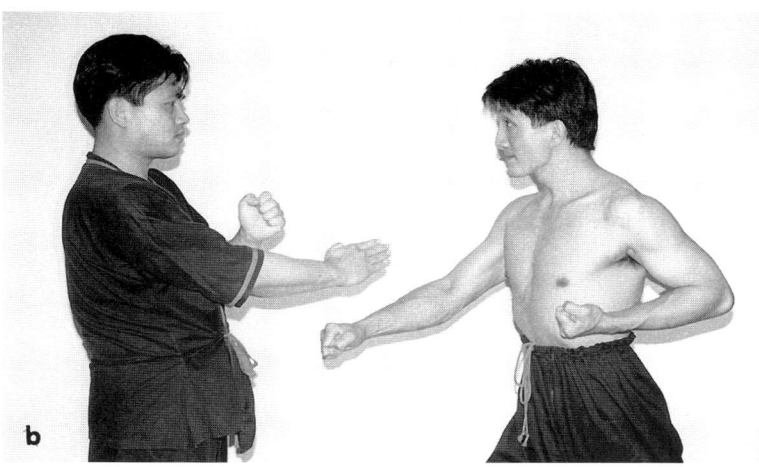

Beispiel a-c

A (links) und **B** (rechts) stehen sich gegenüber. **B** greift mit einem rechten Fauststoß gegen den unteren Bereich von **A** an. Dieser führt gleichzeitig einen Gan-Sao und einen Fauststoß aus. Weil sein rechter Fauststoß schon im Gesicht von **B** gelandet ist, wird der Angriff zusätzlich gestoppt.

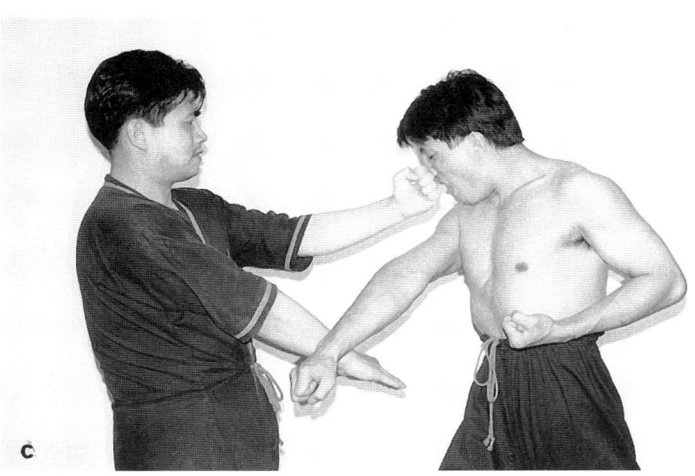

Tan-Sao (攤手 oder „Handfläche nach oben Arm")

Der *Bong-Sao*, der *Tan-Sao* und der *Fok-Sao*, meist abgekürzt als „*Bong, Tan und Fok*", sind allgemein als die drei wesentlichen Grundtechniken des WingTsun bekannt.
Wenn der dritte Satz der Siu-Nim-Tau-Form geübt wird, sollten die Bewegungen langsam ausgeführt werden. Der Ablauf wird mit tiefer, langsamer und rhythmischer Atmung ausgeführt. Dies ist der Kern des Chi-Kung-Atemtrainings.
Der *Tan-Sao* kann eingeteilt werden in den „*Gekreuzten Tan-Sao*", den „*Mittleren Tan-Sao*" und den „*Hohen Tan-Sao*". Der *Gekreuzte Tan-Sao* stellt normalerweise eine Übergangsbewegung dar, so wie er am Beginn der Siu-Nim-Tau angewendet wird, bevor der *Gekreuzte Gan-Sao* ausgeführt wird. Der „*Mittlere Tan-Sao*" ist der am häufigsten benutzte. Wenn der Begriff „*Tan-Sao*" ohne Bestimmungswort benutzt wird, ist es deshalb meist der „*Mittlere Tan-Sao*". In Kampfsituationen kann *Tan-Sao* in vielen Varianten eingesetzt werden.
Der *Hohe Tan-Sao* wird meistens gegen Schwinger oder hohe Rundtritte eingesetzt.

Beispiele von Tan-Sao in Kombination mit anderen Techniken:
1.) Tan-Sao und Konterfauststoß von außen („Außenbereich") (Abbildung a-c)
2.) Tan-Sao und Konterfauststoß von innen (Seite 76, oberes Bild)
3.) Tan-Sao auf der Innenseite mit einem speziellen außenseitigem Fauststoß, welcher mit Ellbogendruck ausgeführt wird (Seite 76, unteres Bild)

Tan-Sao kann mit verschiedenen Bewegungen kombiniert werden, wie z. B. Handflächenstoß, tiefem *Bong-Sao*, anderen Fauststößen und Tritten. Er wird sowohl im Chi-Sao wie auch im richtigen Kampf eingesetzt.

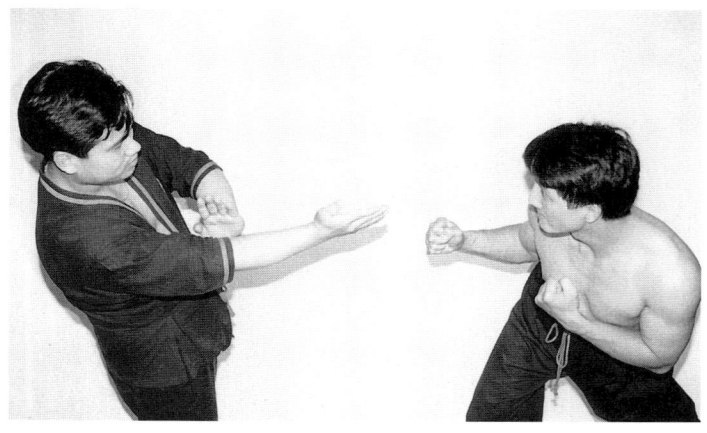

Abbildung a-c

B (rechts) greift mit einem Jab an, sofort wendet **A** (links) einen rechten *Tan-Sao* an und wendet seinen Körper nach rechts um **B**s kräftigen Faust-stoß ins Leere laufen zu lassen. Gleichzeitig führt **A** einen linken Faust-stoß gegen **B**s Kopf.

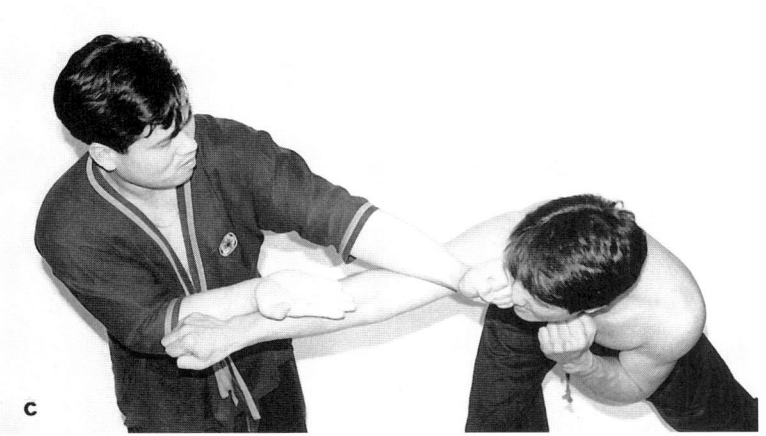

Oben: *Tan-Sao* und „Zeichen Sonne Fauststoß" von innen.

Unten: Ein *Tan-Sao* von innen und einen Fauststoß mit Ellbogendruck von außen.

Yat-Gee-Chung-Kuen (日字衝拳) oder „Schriftzeichen Sonne Fauststoß"),
Lin-Wan-Kuen (連環拳 oder Kettenfauststöße) und
Bik-Bo-Tip-Da (迫步貼打) oder „Nahdistanz Verfolgungsangriff"-Taktik)

Der „Schriftzeichen Sonne Fauststoß" wird auch „Geradliniger Fauststoß" oder kurz „WT-Fauststoß" genannt. Er ist die wichtigste Schlagtechnik im WingTsun-System. Gemäß dem Prinzip *„eine gerade Linie ist die kürzeste Verbindung zwischen zwei Punkten"* folgt der „WT-Fauststoß" nicht nur einer geraden Linie, sondern er folgt der **„Kürzesten geraden Linie"** (der Zentrallinie) zwischen zwei gegenüberstehenden Kämpfern. (Bitte beachten Sie Seite 129.)

Fast alle anderen Kampfkünste lehren ihre Schüler, zwischen den Fauststößen zu „pausieren", sodass sie für die Ausführung eines zweiten Fauststoßes den Arm nochmals zurückziehen müssen, falls der Gegner dem ersten Fauststoß entgeht. Diese Art zu kämpfen ist vergleichbar mit dem Abschießen einer Single-Action-Pistole (*d. h., nach jedem Schuss muss der Hahn der Waffe neu gespannt werden, bevor sie wieder abgefeuert werden kann, was dem Gegner eine Chance zur Flucht gibt*).

Im WingTsun werden Kettenfauststöße eingesetzt. Dies ist eine „Schnellfeuertechnik", bei der die Fauststöße ununterbrochen ausgeführt werden, während eine Vorwärtsbewegung in Richtung Gegner stattfindet. Dies macht es unmöglich für ihn sich aus der Reichweite des Angriffes zurückzuziehen. Diese Taktik wird **„Nahdistanz Verfolgungsangriff"** genannt. Deshalb kann man die Art des Kämpfens im WingTsun mit dem Verfolgen eines Gegners mit einer Maschinenpistole vergleichen.

Andere WingTsun-Techniken kombinieren den „WT-Fauststoß" mit verschiedenen Handtechniken wie z. B. *Gan-Sao, Tan-Sao, Fok-Sao, Gwat-Sao* usw., um den gegnerischen Angriff abzuwehren und gleichzeitig einen Gegenangriff zu führen.

Abbildung rechts:

Prof. Leung Ting demonstriert den **„Nahdistanz Verfolgungsangriff"** mit kontinuierlichem Druck, was es dem Gegner unmöglich macht, sich zu verteidigen.

Fok-Sao (伏手 oder Brückenarm oder Aufliegende Hand)

Die wörtliche Übersetzung von *Fok-Sao* ist: „Eine Hand liegt auf dem Handgelenk des Gegners". *Fok-Sao* ist eine der drei fundamentalen Handtechniken im WingTsun-System. Die Beziehung zu *Tan-Sao* besteht darin, dass der *Fok-Sao* beim *Poon-Sao* (盤手 oder „Rollende Arme"), der zweiarmigen Chi-Sao Übung, auf diesem liegt.
Deshalb ist die Beziehung zwischen *Fok-Sao* und *Tan-Sao* etwas zwiespaltig, weil diese zwei Techniken einander kontrollieren und sich dennoch unter bestimmten Bedingungen voneinander abweichen (Ying-Yang-Philosophie).

Beim Ausführen von *Fok-Sao* in der *Siu-Nim-Tau Form* sollte der Übende eine Spannung im Unterarm spüren. Diese Übung hilft, die Muskeln des Unterarmes zu stärken, sodass diese fähig sind, die aufgeladene Kraft, welche als „Lange Brückenkraft" oder „Explosive Kraft" bezeichnet wird (*in manchen anderen Kampfstilen auch „Inch-Kraft" genannt*), zu entwickeln. Das ist die Kraft, welche es einem WingTsun-Experten ermöglicht, auf eine extrem kurze Distanz einen kräftigen Fauststoß auszuführen.

Im richtigen Kampf hat der *Fok-Sao* nicht die Form eines angespannten Hakens wie in der Siu-Nim-Tau Form. Er hier auch mit der Handfläche, welche leicht auf dem gegnerischen Handgelenk „klebt", ausgeführt werden vgl. Abb. b+c. Aus dieser Position kann der WingTsun-Anwender vom *Fok-Sao* in den *Gam-Sao* wechseln, indem er das Handgelenk des Gegners nach unten drückt. Er kann auch in einen *Jat-Sao* (Schockhand) wechseln, indem er ruckartig am Handgelenk des Gegners zieht, um seine Balance zu brechen.

Um auf die Aktionen des Gegners richtig zu reagieren, kann *Fok-Sao* auch in andere Techniken umgewandelt werden. Z. B. kann er zu einem *Biu-Tze-Sao* werden, indem man den Arm schnell nach vorne stößt, um das Auge des Gegners anzugreifen oder er wird zu einem „Greifenden Arm", um den Gegner zu kontrollieren und gleichzeitig anzugreifen.
Wenn er vertikal gedreht wird, wird er zum *Jam-Sao*, wenn er nach oben gedreht wird, wird er zum *Tan-Sao* usw.

Es demonstrieren:

Sifu Lee Yun Tim (rechts)

Chung Sai Wing (links)

Abbildung a-c

B (links) greift mit einem Fauststoß in den mittleren Bereich von **A** (rechts) an. **A** kontert sofort mit einem linken *Fok-Sao* auf dem linken Handgelenk des Gegners. Dann ändert A seinen *Fok-Sao* in einen *Jat-Sao*, indem er das Handgelenk von **B** nach unten drückt. Gleichzeitig schlägt **A** mit einem rechten Fauststoß auf den Brustkorb von **B**.

Yark-Cheung (側掌 oder Seitliche Handfläche)

Die „Seitliche Handfläche" oder „Zur Seite schlagende Hand" ist eine Bewegung, die aus der Wu-Sao-Position entsteht. Die „Seitliche Handfläche" dient dem gleichen Zweck wie die „Schlagende Hand" in der Cham-Kiu-Form, geht aber in eine andere Richtung. In einer Kampfsituation wird die „Seitliche Handfläche" meist als eine zweite Verteidigungslinie genutzt.

Im WingTsun wird **NICHT** nach der Methode „*Zuerst blocken, dann angreifen*" gearbeitet. Wenn ein Kämpfer seinem Gegner erlaubt, zuerst anzugreifen, dann erlaubt er diesem auch, die Initiative im Kampf zu ergreifen. Selbst wenn der Kämpfer den ersten Angriff abwehren kann, reagiert er in dieser Situation nur auf den Angriff des Gegners, kontrolliert aber immer noch nicht den Kampf. Inzwischen hat der Gegner wahrscheinlich schon den zweiten Angriff ausgeführt.

Hat der Gegner die Initiative, ist es unwahrscheinlich, dass er aufhört anzugreifen. Deshalb muss weiter abgewehrt werden und es können keine eigenen Angriffe gemacht werden. *(In einem richtigen Kampf kann niemand eine Serie von Angriffen abwehren, ohne nicht zumindest einmal getroffen zu werden. Ausgenommen natürlich in Filmen oder bei Gegnern mit starken Sehstörungen!)*

Deshalb konzentriert sich WingTsun auf Techniken, bei denen „**Gleichzeitigkeit von Abwehr und Gegenangriff**" vorherrscht. Wenn diese Techniken eingesetzt werden, kann das „Traumziel" erreicht werden, das von chinesischen Kampfkünstlern so beschrieben wird: „**Starte später, aber erreiche das Ziel früher!**"*

Die folgenden Bilder zeigen Abwehr mit gleichzeitigem Gegenangriff: Pak-Sao mit Fauststoß.

* Dies ist das Thema und der Arbeitstitel von GM Keith R. Kernspechts bevorstehendem neuen Buch.

Es demonstrieren:

Sifu Yeung Kai Kwong
(rechts)

Bremer (links)

Abbildung a-c:

B greift mit einem Jab zum den Kopf an. Als der Fauststoß in die Reichweite von **A**s ausgestrecktem Arm kommt, wehrt dieser mit einen linken Pak-Sao ab und geht mit einem gleichzeitigen Fauststoß nach vor.

Jor-Yau-Gam-Sao
(左右撳手 oder linker und rechter Handflächenstoß)

Das Üben dieser Bewegungen in der Siu-Nim-Tau-Form hat nicht nur den Vorteil, die Schlagkraft der stoßenden Handflächen zu verbessern, sondern auch praktischen Nutzen in der Kampfanwendung. Im WT-System gibt es eine seltene Konter-Kampftechnik welche „*Bok-Da*" (膊打 oder **Schulterstoß**) genannt wird. Dabei wird die Schulter in den Brustkorb des Gegners gerammt. Die Quelle der Kraft ist dabei aber nicht vorwiegend die Schulter, sondern der Seitwärtsschritt. Der Arm führt dabei einen seitlichen Gam-Sao aus.

Abbildung a-d
B dreht den Arm von **A** um. **A** streckt sofort seinen Arm nach unten und macht einen Seitwärtschritt. Dadurch wird der Hebel vereitelt und gleichzeitig erhält **B** einen Schulterstoß.
A setzt den Angriff mit einem Faust-stoß links fort.

Häufiger Fehler:
Die Arme sind zu weit vom Körper entfernt, deshalb kann kein richtiger Schulterstoß ausgeführt werden.

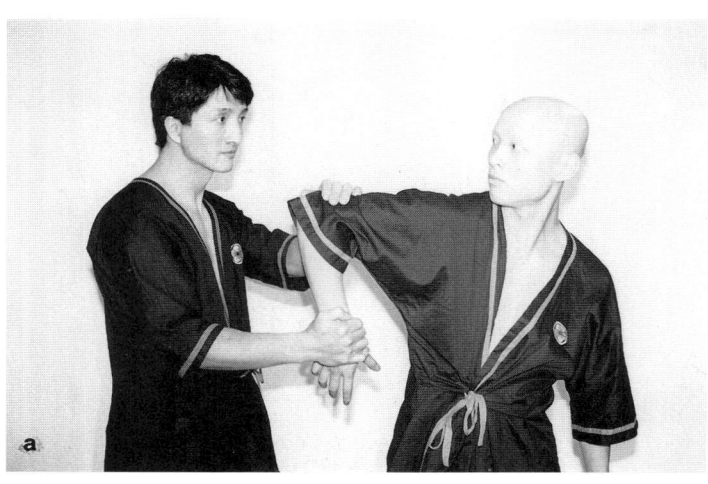

Hau-Gam-Sao (後撤手 oder Rückwärtiger Handflächenstoß)

Dies ist der einzige rückwärtige Angriff im WingTsun-System. Er ist als eine raffinierte Trickbewegung oder als Überraschungsangriff gedacht.
Die **"Gesicht zu Gesicht-Verfolgungs Angriff"**-Taktik ist typisch für WingTsun. Deshalb sind die meisten Techniken für Angriff und Verteidigung von vorne gedacht.

Dem Gegner den ungeschützten Rücken zu zeigen, ist nach WingTsun-Prinzipien generell nicht sehr klug, denn wenn der Rücken dem Gegner zugedreht ist, hat dieser ideale Angriffsmöglichkeiten. Manche Umstände bedingen aber, dass auch ein WT-Anwender dem Gegner den Rücken zudrehen muss. Dann kann diese Bewegung sehr effektiv eingesetzt werden.

Der *Hau-Gam-Sao* kann sehr nützlich sein, wenn der Arm hinten auf den Rücken gedreht wird. In dieser Situation wird dynamisch in Richtung des umgedrehten Armes gedreht, bis der Rücken dem Gegner ganz zugewendet ist. Dann wird der *Hau-Gam-Sao* verwendet, um gegen die kurzen Rippen des Angreifers zu stoßen. Dieser Angriff fügt dem Gegner starke Schmerzen zu und zwingt ihn loszulassen. Nach dem Einsatz von *Hau-Gam-Sao* sollte man sich schnell wieder umdrehen, um den Gegner frontal vor sich zu haben und den Angriff fortzusetzen.

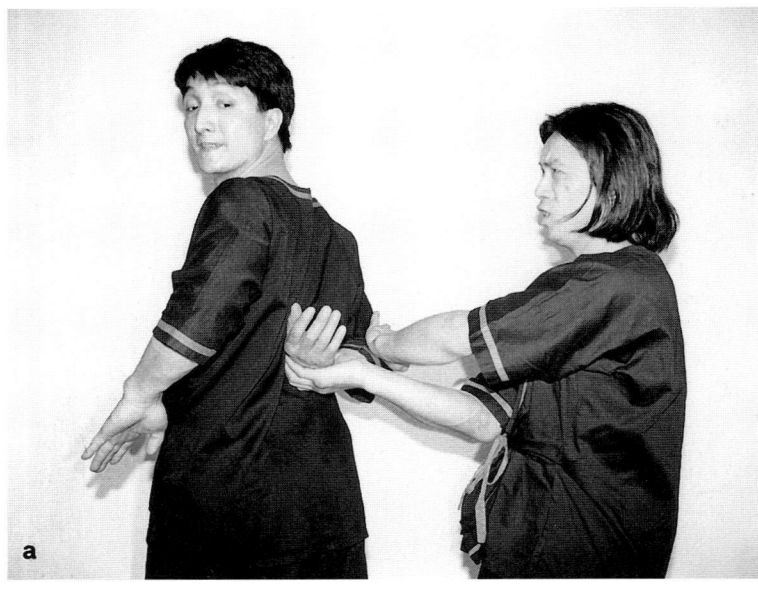

b

Abbildung a-e

B (rechts) führt einen Armhebel an **A**s rechtem Arm durch, indem er diesen umdreht. **A** dreht schnell seinen Rücken im Uhrzeigersinn, sodass er einen linken *Gam-Sao* gegen die unterste Rippe von **B** ausführen kann. Durch den großen Schmerz ist **B** gezwungen, **A** loszulassen. In diesem Augenblick dreht sich **A** plötzlich zurück, um wieder frontal zu **B** zu stehen, dringt mit einem Schritt des linken Beines in **B**s Stand ein und führt einen Fauststoß gegen sein Gesicht aus.

c

Es demonstrieren:

Sifu Ngan Tak Yee (rechts)

Sifu Yan Yiu Wing (links)

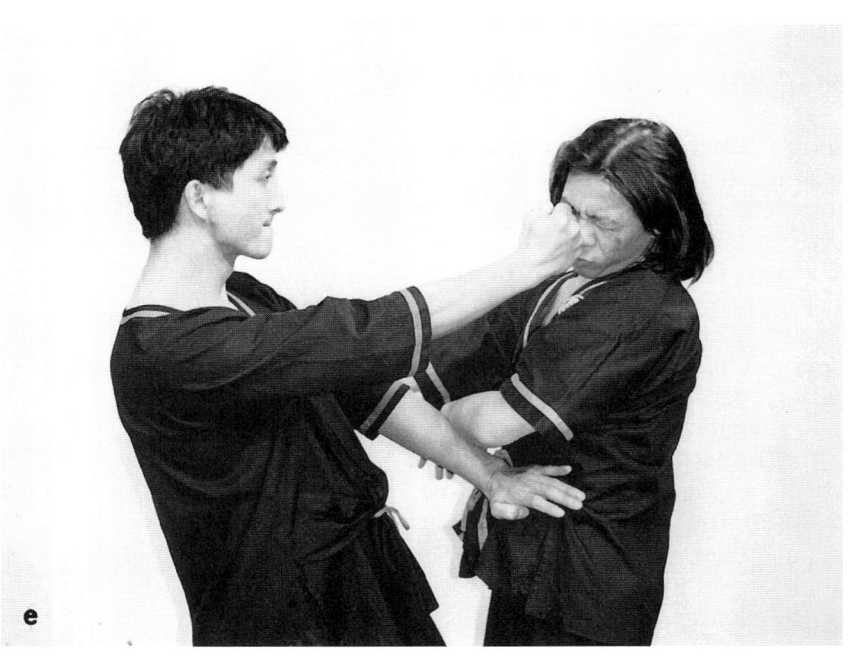

Chin-Gam-Sao (前撳手 oder Vorderer Handflächenstoß)

Weil die verschiedenen Typen von Handflächenstößen in der Mitte der Siu-Nim-Tau-Form nicht oft im Kampf vorkommen, werden sie von vielen wing chun-Stilen ignoriert. Es ist nicht richtig, dass diese Techniken nur in der Form enthalten sind, um die Kraft der Handflächenstöße zu trainieren oder um die Flexibilität in den Schultern oder den Armen zu steigern. Weil beim vorderen *Gum-Sau* beide Arme gleichzeitig eingesetzt werden, wird mehr Energie freigesetzt.

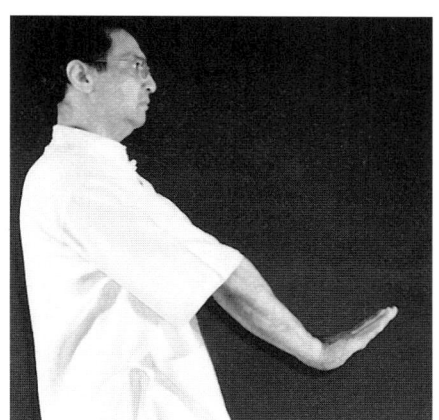
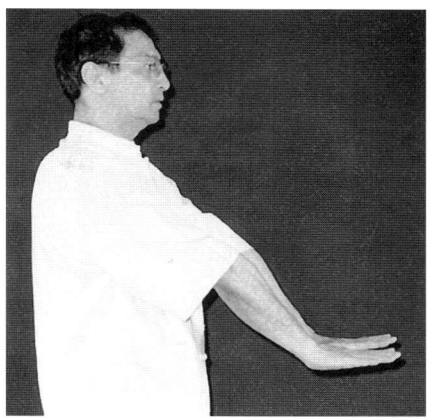

Oben:
Professor Leung Ting zeigt die verschiedenen Positionen der zwei Bewegungen.

(Oben links)
Der **Frontale Gam-Sao** ist ein Doppelhandflächenstoß gegen den Unterleib des Gegners. Deshalb sollte die Handfläche vertikal ausgerichtet sein.

(oben rechts)
Der „**Lange Brücke Gam-Sao**" ist eine Abwehrtechnik. Wenn die Bewegung fertig ist, sollte die Handfläche horizontal vor dem Bauchbereich positioniert sein.

Es demonstrieren:

Sifu Fong Bing Yiu (links), **Bjoern Fandelin** (rechts)

Abbildung 1-3

B (links) greift mit einem Doppelfauststoß an. **A** wehrt diese Technik mit einem *Doppel Jat-Sao* ab, was dazu führt, dass **B** seine Balance verliert und nach vorne fällt. **A** greift sofort mit einem vorderen doppelten *Gam-Sao* gegen den Bauch von **A** an.

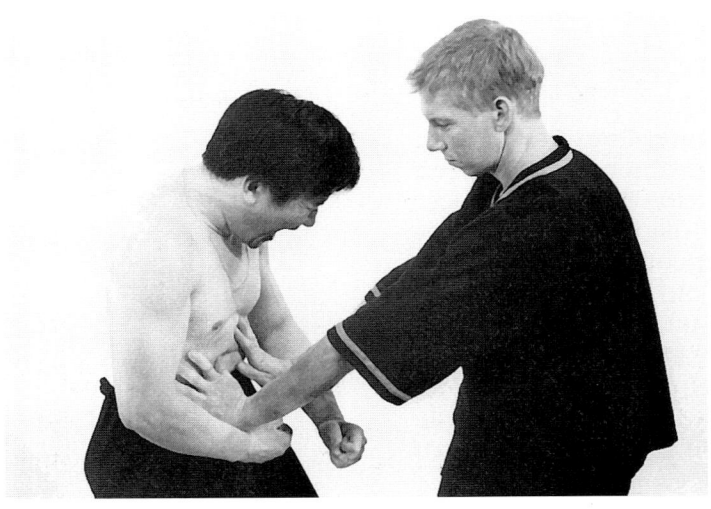

Lan-Sao (攔手 oder Riegelarm) und Fak-Sao (拂手 oder Fegender Arm)

Die Kraft, die durch die Umwandlung vom Lan-Sao zum Fak-Sao erzeugt wird, ist gut abgestimmt, sehr schnell und extrem stark. Es ist etwa so, wie wenn beide Arme wie zwei Rattanstöcke zusammengebogen werden. Wenn nun plötzlich losgelassen wird, dann schnellen die Rattanstöcke wegen ihrer Elastizität mit einer extrem hohen Geschwindigkeit auseinander. Bei der Anwendung von Fak-Sao kann nicht nur mit der Handkante geschlagen werden. Wenn die Kraft richtig freigesetzt wird, können der Oberarm, der Ellbogen, der Unterarm, das Handgelenk und sogar die Finger zum Angriff verwendet werden. In der praktischen Anwendung kann Fak-Sao mit einem oder mit zwei Armen ausgeführt werden, um Gegner auf einer oder auf beiden Seiten anzugreifen.

Links:
Wenn die Arme des *Fak-Sao* zu hoch, zu niedrig oder schräg ausgerichtet sind, wird die ausgeübte Kraft unregelmäßig und das richtige Ziel, der Hals des Gegners, wird verfehlt.

Oben und unten: Zwei häufige Fehler bei der Fak-Sao Bewegung

Rechts:
Wird der *Fak-Sao* zu schnell zurückgezogen, bevor die Arme ganz gestreckt sind, so ist das wie bei einem Auto, welches abgebremst wird, bevor es die gewünschte Geschwindigkeit erreicht hat.

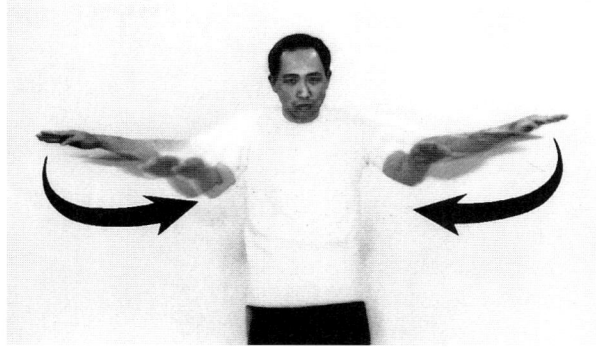

Unten: Great Grandmaster Leung Ting zeigt einen einzelnen Fak-Sao in der Anwendung.

Abbildung a-c

A ist sich bewusst, dass er in der Mitte zwischen zwei Gegnern steht und dass, wenn diese ihn gleichzeitig angreifen, er keinen Platz hat, um zurückzuweichen. Unter diesen Umständen führt **A** schnell einen doppelten *Fak-Sao* aus, um beide anzugreifen, bevor sie ihn angreifen können. Weil *Fak-Sao* mit einer explosionsartigen Geschwindigkeit und Kraft arbeitet und der Kehlkopf einer der schwächsten Punkte des menschlichen Körpers ist, verlieren die Gegner, wenn sie getroffen werden, augenblicklich die Fähigkeit, anzugreifen oder sich zu verteidigen.

„Angriff ist die beste Verteidigung" ist eine der Taktiken im WingTsun.

Es demonstrieren:

Sifu Lee Yun Tim (Mitte),
Sifu Fong Bing Yiu (links)
Christopher Kampka (rechts)

Lan (攔手 oder Riegelarm) – Jam (枕 oder Sinkender Arm) - Tan (攤手 oder Handfläche nach oben Arm) – Jat (窒 oder Schockhand) und Biu-Tze-Sao (標指手 oder Stoßende Finger)

Die Techniken Doppel *Lan-Sao*, Doppel *Jam-Sao*, Doppelter hoher *Tan-Sao*, Doppelter Jat-Sao und Doppelter *Biu-Tse-Sao*, die in der *Siu-Nim-Tau* als Sequenz ablaufen, sind alle „zweiarmige Techniken".
Im Kampf können entweder alle Techniken nacheinander als Angriffskombination eingesetzt werden oder jede einzelne Technik wird einzeln eingesetzt. Der Doppel *Jat-Sao* wird normalerweise im Chi-Sao verwendet, wenn beide Arme „außen"* des gegnerischen Handgelenkes liegen. Nun wird *Jat-Sao* angewendet, um beide Unterarme plötzlich nach unten zu drücken, um das Gleichgewicht des Gegners nach vorne zu brechen. Nun ergibt sich eine gute Gelegenheit, die Augen des Angreifers mit einem *Biu-Tze-Sao* anzugreifen.
* Bitte beachten Sie zu dem Begriff „außen" Seite 129.

In den Abbildungen **A - F** auf Seite 93 - 94 zeigen Prof. Leung Ting und Sifu Lau Ga Sun die Anwendung der **Jam-Sao**, **Jat-Sao** und **Biu-Tze-Sao**-Sequenz, kombiniert mit der **Bon-Huen-Sao** (Halbe Zirkelhand) und **Ching-Cheung** (Aufgerichteter Handflächenstoß), mit einer Hand.

Unten links :
Doppel Tan-Sao
Unten rechts:
Doppel Jat-Sao vorgeführt vom verstorbenen Great Grandmaster Yip Man

Abbildung A - C:
Anwendung des mittleren Teiles kombiniert mit Bon-Huen-Sao und aufgerichtetem Handflächenstoß:

B umklammert **A**s rechtes Handgelenk mit seiner rechten Hand. **A** dreht seine Hand mit Huen-Sao und rotiert seinen Unterarm im Uhrzeigersinn, bis dieser **B**s Handgelenk nach unten drückt.

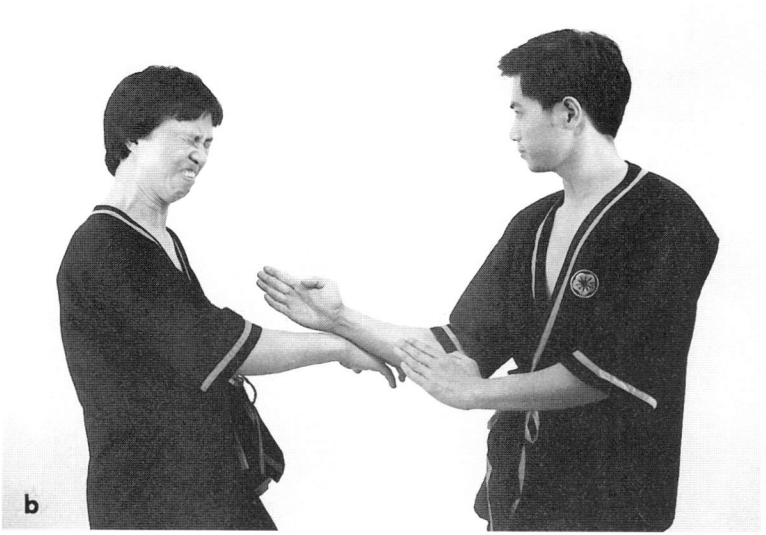

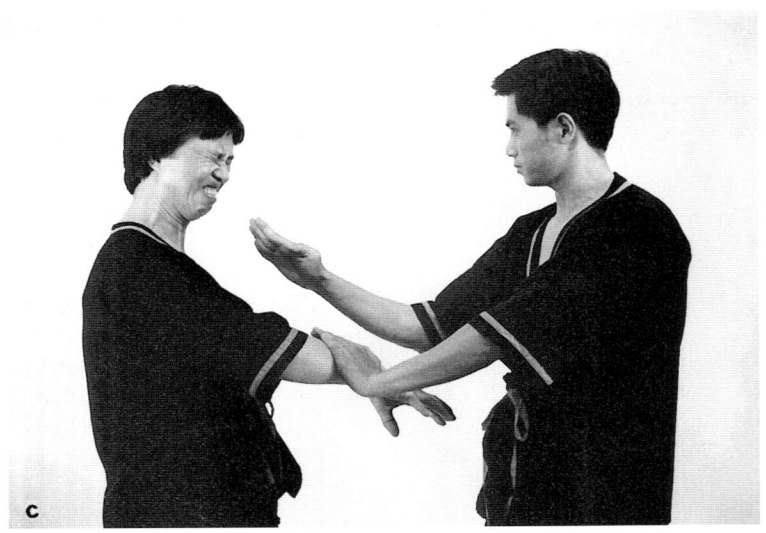

Abbildung D-F:
Gleichzeitig greift **A** mit einem Handflächenstoß gegen **B**s Ohr an. Weil **B**s Arm gehebelt ist und der Treffer am Ohr Wirkung zeigt, lässt er los.

A drückt nun mit seiner linken Hand mit *Jat-Sao* **B**s Handgelenk nach unten und greift **B**s Auge mit seinem rechten Daumen mit einem *Biu-Tze-Sao* an. Inzwischen kontrolliert **A** weiterhin **B**s rechten Arm, damit dieser sich nicht befreien kann.

Ko-Tan-Sao (高攤手 **oder Hoher Handfläche nach oben Arm)**
Shang-Jat-Sao (雙窒手 **oder Doppel Schockhand)**
Biu-Tse-Sao (標指手 **oder Stoßende Finger)**
Cheung-Kiu-Gam-Sao (長橋撳手 **oder Lange Brücke Handflächenstoß)**
Shang-Tai-Sao (雙提手 **oder Doppelter Hebender Arm)**

Alle Bewegungen in der obigen Sequenz sind „zweihändige Bewegungen". Sie können in einer Kampfsituation auch einzeln angewendet werden. Außerdem kann jede Technik individuell auch außerhalb der Sequenz je nach Situation verwendet werden. Dies geht mit den WingTsun-Mottos: **„Keine festgelegten Bewegungen"** und **„Verändere, wenn der Gegner verändert"** einher. Die folgende Sequenz dient als Beispiel.

Abbildung A-F
B (links) greift **A**s Handgelenk mit beiden Händen. **A** dreht schnell seine Unterarme in einen hohen *Tan-Sao*, was B veranlasst loszulassen. **A** drückt nun mit doppelten *Jat-Sao* nach unten um **B** das Gleichgewicht zu rauben, dieser fällt nach vorne. **A** nützt das aus und schlägt **B** mit dem „Doppelten Hebenden Arm" ans Kinn. Weil das Kinn ein schwacher Punkt des menschlichen Körpers ist, geht **B** k.o.

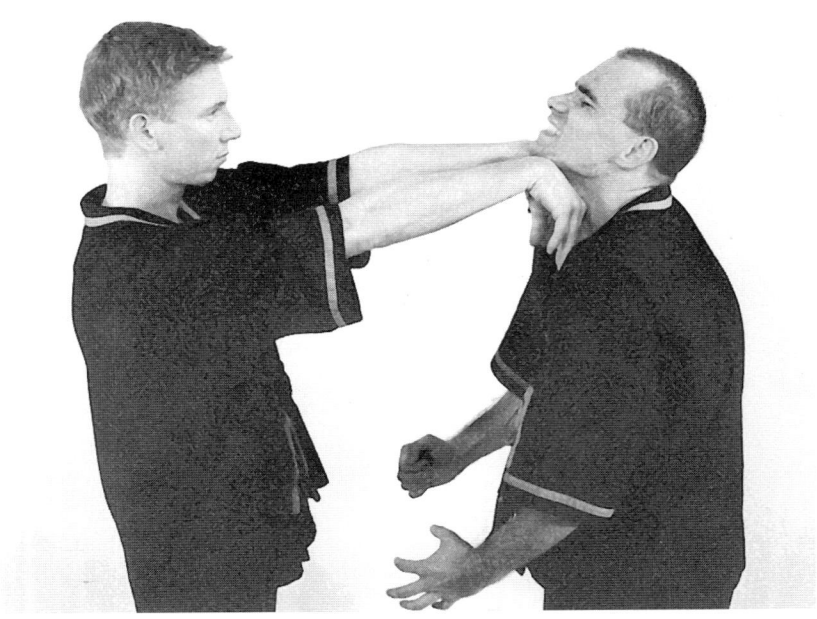

Lange Brücke Gam-Sao und Doppelte Hebende Arme

In den „kurze Brücke"-Armbewegungen (*Bewegungen, bei denen der Arm gebeugt und nah am Körper des Ausführenden ist*) kommt die Kraft normalerweise vom Ellbogen, wie z. B. beim *Jat-Sao, Gam-Sao* und *Jam-Sao*. Im WingTsun wird das als *Jarn-Dai-Lek* (脾底力) oder „*Kraft von der Unterseite des Ellbogens*" bezeichnet, was eigentlich „die Kraft aus dem Trizeps" (Strecker) bedeutet.

Wenn aber die Ellbogen des WingTsun-Ausübenden nach oben gedrückt werden, wenn die Arme vollkommen gestreckt sind, kann er seine Kraft nicht vom Ellbogen entwickeln. Unter diesen Bedingungen kann er nur die „Lange Brücke Gam-Sao"-Technik einsetzen. Sie nützt die Kraft des ganzen Oberkörpers, die durch die Schulter über den Arm in die Hände fokussiert wird, um eine plötzliche, extrem starke Kraft nach unten zu entwickeln.

Dieser plötzliche Druck nach unten raubt dem Gegner das Gleichgewicht, und er fällt nach vorne. Dies vermindert nicht nur die Gefahr, dass die Ellbogen vom Gegner angehoben werden, sondern es kann eine Verlierersituation in eine Gewinnersituation umgewandelt werden.

Abbildung 1-4:
Umwandlung einer Verlierersituation in eine Gewinnersituation durch eine Rettungsbewegung

A (rechts) greift **B** mit einem Doppelfauststoß zum Gesicht an. Dieser wird aber von **B** mit einer doppelten „Anhebenden Hand" neutralisiert. **A** hat nun beide Arme voll gestreckt und ist in einer extrem benachteiligten Situation. **A** wendet nun plötzlich den *„Lange Brücke Gam-Sao"* als Rettungstechnik an. Dadurch verliert **B** die Balance und fällt nach vorne. **A** hebt beide Arme mit einer gewaltigen Bewegung und schlägt **B** mit seinen Handgelenken.

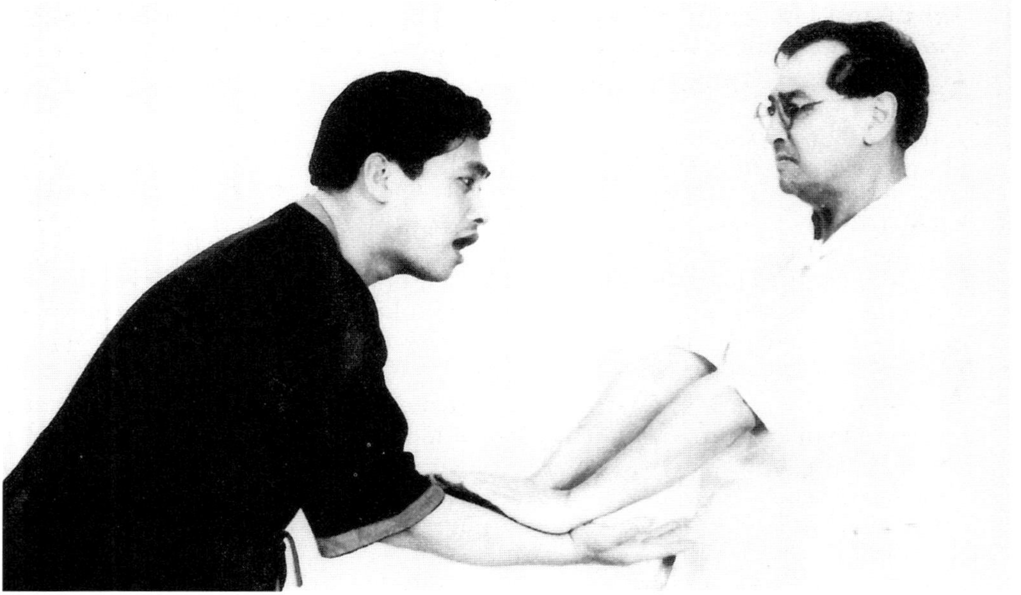

Es demonstrieren:

Großmeister Leung Ting (rechts), **Sifu Lau Ka Sun** (links)

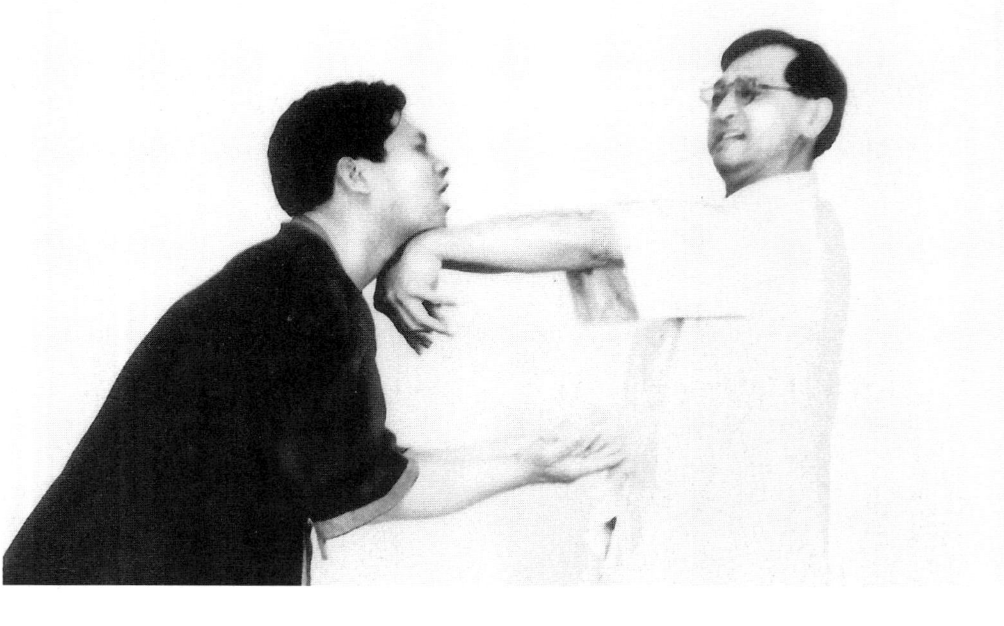

Jam-Sao (枕 oder Sinkender Arm) – Gwat-Sao (刮手 oder Wischender Arm) – Lau-Sao (撈手 oder Schöpfender Arm) – Ko-Tan-Sao (高攤手 oder hoher Tan-Sao)

Die obigen Techniken können im Kampf entweder in dieser Reihenfolge oder als einzelne Techniken eingesetzt werden. **Tan-Sao** und **Jam-Sao** sind beides Techniken, um Angriffe im mittleren Bereich abzuwehren. Tan-Sao kann Angriffe, die über dem Arm kommen, Jam-Sao hingegen Angriffe, die unter dem Arm kommen, vereiteln.
Gwat-Sao und **Gan-Sao** sind beides Techniken zur Abwehr von Angriffen, die im unteren Bereich eindringen. Sie sehen sehr ähnlich aus, haben aber eine andere Position und Funktion.
Gwat-Sao wird ausgeführt, indem der Arm in einer runden Bewegung nach unten bis zur Außenkante des Oberschenkels geführt wird. Er wird hauptsächlich zur Abwehr des Rundtrittes verwendet und mit dem folgenden *Lau-Sao* kombiniert, um das gegnerische Bein in der Armbeuge zu fixieren. *Gan-Sao* wird ausgeführt, indem der Arm in einer geraden diagonalen Linie nach unten bewegt wird.
Genau genommen ist *Gan-Sao* eher eine Gegenangriffsbewegung als eine Abwehrbewegung. Wenn der *Gan-Sao* korrekt ausgeführt wird, hat er die peitschenartige Kraft eines dicken Rattanstockes und kann beim Gegner großen Schmerz hervorrufen und seinen Kampfgeist zerstören.

Great Grandmaster Yip Man zeigt Gan-Sao (links) und Gwat-Sao (rechts)

Anwendung von Gwat-Sao und Lau-Sao

Abbildung A-B

A (links) steht im WT-Vorkampfstand gegenüber von **B**. Dieser stürmt plötzlich auf **A** zu und greift ihn mit einem Rundtritt an. Anstatt rückwärts zu gehen, dringt **A** in **B**s Stand ein. Dies ist eine einzigartige Kampfstrategie des WingTsun, welche dazu führt, dass der Gegner die Distanz falsch einschätzt. *(Beachten Sie die unten stehende Anmerkung.)*

Anmerkung:

Beim Sparring mit einem Gegner, der für seine Tritttechnik bekannt ist, neigt der durchschnittliche Kämpfer unbewusst dazu, eine bestimmte Distanz zum Gegner einzuhalten. Das ist aber genau das Gegenteil dessen, was getan werden sollte.
Da die Beine länger sind als die Arme, kann ein Trittspezialist in einer längeren Distanz besser treten. Deshalb sollte beachtet werden, dass, je näher jemand an seinen Gegner herankommt, es umso schwieriger für diesen wird, zu treten. In der Nahdistanz sind die Arme die effektivsten Waffen, weil die Faust, die Handfläche, die Finger, die Ellbogen und die Schulter frei nach eigenem Gutdünken eingesetzt werden können.

Abbildung c-e (Fortsetzung)

Gleichzeitig mit dem Eindringen von **A** in **B**s Stand wendet er ein wenig und führt einen Gwat-Sao aus, indem er seinen linken Arm nach unten bringt. Damit wehrt er den Tritt von **B** ab. Dann wird aus dem Gwat-Sao ein Lau-Sao und „schaufelt" **B**s Bein mit seinem Arm nach oben. Zur gleichen Zeit führt er einen Konter mit einer Handkante gegen den Kehlkopf aus.

Es demonstrieren:

Sifu Lau Ka Sun (rechts)
Sifu Ngan Tak Yee (links)

Abbildung f-g (Fortsetzung)

A geht weiter nach vorne und streckt beide Arme, um den verletzten **B** auf den Boden zu schleudern.

f

g

Ko-Tan-Sao (高攤手 oder Hoher Handfläche nach oben Arm)

Zusätzlich zu dem schon vorher beschriebenen *Gekreuzten Tan-Sao* gibt es verschiedene andere Variationen von *Tan-Sao*, z. B. den *Mittleren Tan-Sao* und den *Hohen Tan-Sao*. (Bitte beachten Sie auch die Kapitel über „*Bong-Sao und Umgekehrte Handfläche*" und „*Tan-Sao*".)
Diese beiden Varianten sind vollkommen verschieden, sowohl in ihrer Position als auch in der Anwendung.
Der *Hohe Tan-Sao* wird normalerweise als Abwehr gegen Angriffe wie den Haken, den Schwinger, den Rückhandschlag oder sogar gegen hohe Rundtritte usw. verwendet.
Am effektivsten funktioniert der *Hohe Tan-Sao*, wenn er mit einem diagonalen Vorwärtsschritt gegen einen seitwärts stehenden Gegner eingesetzt wird. Wenn ein WingTsun-Schüler diese Technik gemeistert hat, kann er die Wirksamkeit der gegnerischen Fauststöße gewaltig vermindern, weil diese in der engen Distanz keine Wirkung mehr haben. *(Niemand kann sein eigenes Gesicht mit einem Schwinger treffen.)*

Abbildung 1-3: Hoher Tan-Sao gegen einen Schwinger
B greift mit einem rechten Schwinger auf **A**s Schläfe an. **A** macht einen Schritt nach vorne, dreht sich, um **B** gegenüberzustehen und führt einen *Hohen Tan-Sao* mit einem Fauststoß aus.

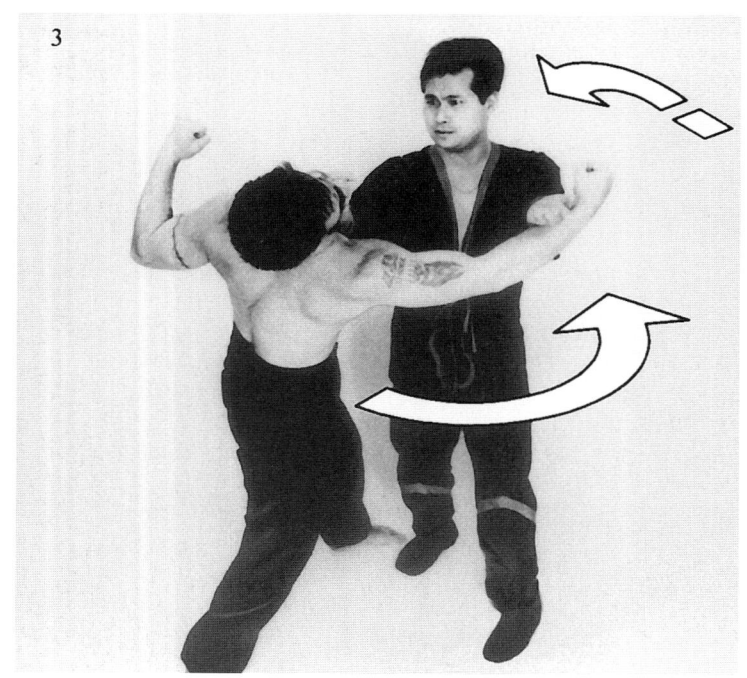

Bong-Sao (膀手 oder Schwingenarm) und Ong-Cheung (昂掌 oder umgekehrte Handfläche)

Bong-Sao ist die erste der „drei elementaren Techniken" im WingTsun. *Bong-Sao* wird nur selten und unter speziellen Umständen angewendet, da im WingTsun normalerweise Angriff und Gegenangriff gleichzeitig erfolgten, *Bong-Sao* aber nur abwehrt. (Bitte beachten Sie dazu Seite 108.)
Wenn ein Angreifer den Arm des WingTsun-Ausübenden nach unten drückt, rotiert dieser automatisch den Ellbogen nach oben und führt einen *Bong-Sao* aus. Dies geht auf eines der Mottos über den *Bong-Sao* zurück: **„Wenn der Kopf nach unten gedrückt wird, geht der Schwanz hoch."**

Bong-Sao sollte so flexibel und elastisch wie Rattan sein. Er sollte sich unter dem Druck eines Angriffes beugen, aber trotzdem eine gewisse Distanz zwischen der angreifenden Faust und dem Körper des Angegriffenen bilden. Die elastische Kraft des *Bong-Sao* nimmt die Kraft des Gegners auf, egal, wie stark dieser ist. Wenn der *Bong-Sao* steil genug nach unten gebeugt ist, wirkt der Unterarm wie eine Rutschbahn, auf der die nach unten gehende Kraft ins Leere läuft. *(Abbildung A und B)*

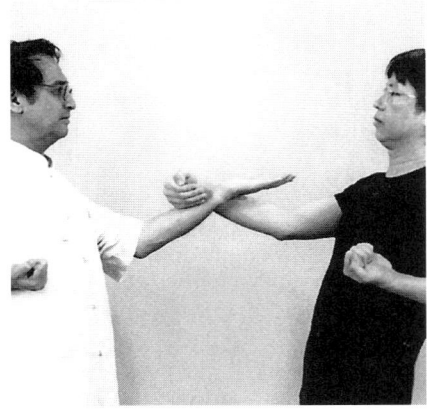

In der *Siu-Nim-Tau*, die Great Grandmaster Yip Man in Hongkong unterrichtet hat, wird der umgekehrte Handflächenstoß nach unten in die Bauchgegend des Gegners ausgeführt.
Yip Man glaubte, dass dies der schwerere Winkel für einen kräftigen Angriff sei. So ließ er die Schüler diese Technik lernen. Im richtigen Kampf gleitet der umgekehrte Handflächenstoß über den Arm des Gegners, um ihn in der Bauchgegend zu treffen.

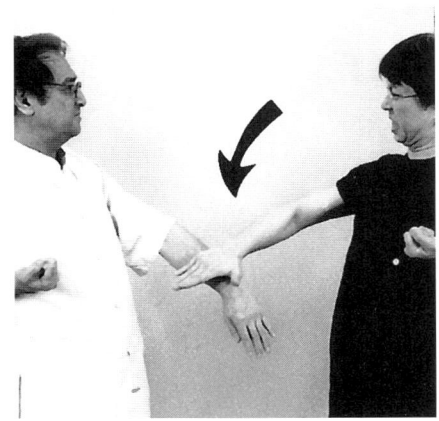

Bong-Sao ist keine Allzwecktechnik!

Trotz der Wichtigkeit von Bong-Sao, sollte angemerkt werden, dass dieser in den meisten Kämpfen nicht notwendig oder angebracht ist. In den folgenden Beispielen kann ein WingTsun-Kämpfer seinen Angreifer durch folgende Taktiken besiegen:
„Gleichzeitige Abwehr und Angriff" *(Abbildung A)* oder
„Einen Angriff mit einen Angriff kontern" *(Abbildung B)*
Wenn *Bong-Sao* immer konsequent (falsch) eingesetzt würde, so hätte dies den negativen Effekt, dass der Anwender zweifelsfrei getroffen würde.

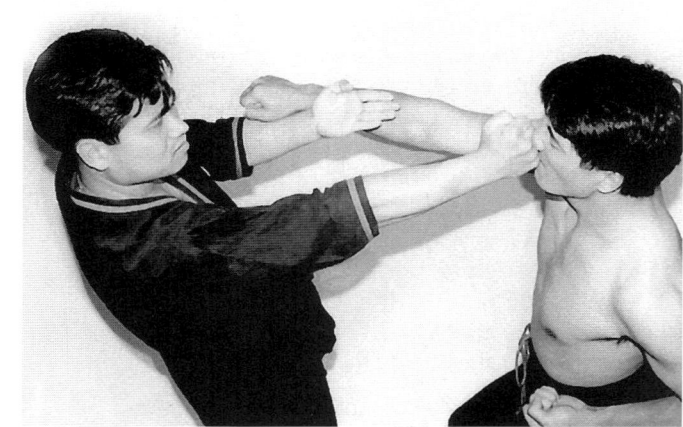

Abbildung A:
Abwehr eines geraden Fauststoßes und Angriff mit einem Tan-Sao und einem gleichzeitigen Fauststoß.

Abbildung B:
Gegen einen Jab ins Gesicht wird ein WT-Fauststoß mit einem Pak-Sao zum Schutz angewendet.

Abbildung A-F:

Wenn **B** (rechts) mit einem geraden Fauststoß angreift, streckt **A** seinen linken Arm vor, um den Fauststoß aufzunehmen. Der Angriff ist so stark, dass der Arm von **A** in *Bong-Sao* gedrückt wird. **A** leitet die Kraft des Gegners mit einer Wendung weiter. Er dreht seinen Körper plötzlich zurück in **B**s linke Flanke, immobilisiert ihn mit einem *Gam-Sao*. Gleichzeitig bringt er einen umgekehrten Handflächenstoß in der Taille des Gegners an.

a

b

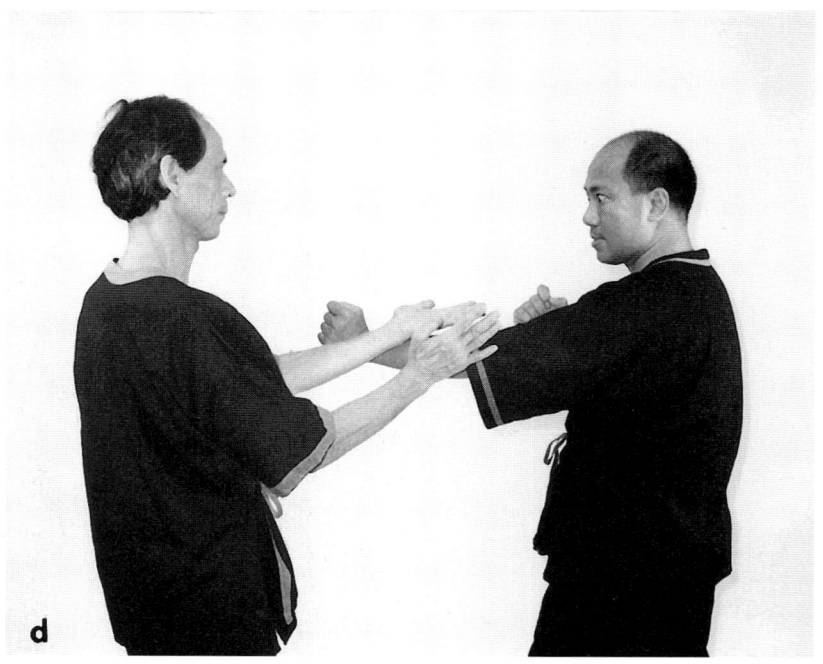

e

Es demonstrieren:

Sifu Lee Yun Tim
(links)
Sifu Lam Wing Fai
(rechts)

f

Tut-Sao (脫手 oder Armbefreiung) und Chung-Kuen (衝拳 oder vertikaler Fauststoß)

Tut-Sao und vertikaler Fauststoß sind zwei verschiedene Bewegungen in der *Siu-Nim-Tau*. Sie lassen sich aber kombinieren, um eine Abwehr gegen Greifen mit gleichzeitigem Gegenangriff zu bilden.

Tut-Sao gilt nicht als besonders „intelligente" Technik, denn es ist unwahrscheinlich, dass ein Angreifer die Arme eines WingTsun-Anwenders fassen kann. Weil es eine traditionelle Technik ist, sehe ich keinen Anlass, diese wegzulassen. Wenn aber wirklich jemand ein Handgelenk festhält, wird einfach mit der anderen Hand ein Fauststoß ins Gesicht des Gegners ausgeführt. Der Angreifer wird schockiert und wegen der Schmerzen den Arm loslassen. Dies folgt dem WingTsun-Prinzip: **„Greife nicht die starke Position des Gegners an, sondern die ungeschützten Stellen!"** (棄實擊虛)

Es ist eine Schande, dass viele Kampfkünstler sich zu sehr auf komplizierte Befreiungstechniken konzentrieren. Folglich ignorieren sie die effektivste Methode, sich aus einem starken Griff zu befreien, jene, die keine brutale Kraft benötigt. Wenn im Kampf nur rohe Kraft zählen würde, dann gäbe es keine Kampf-**Künste**.

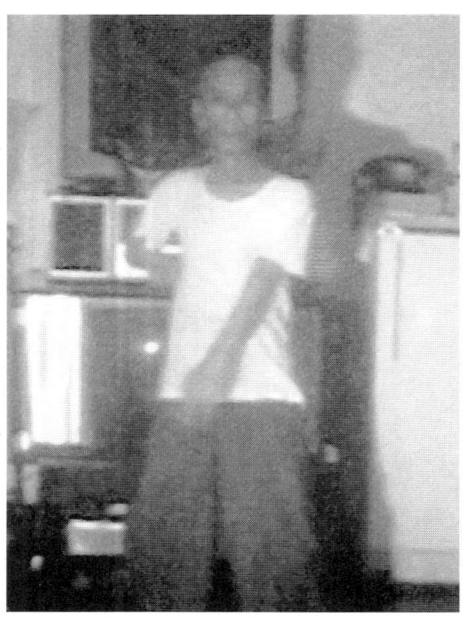
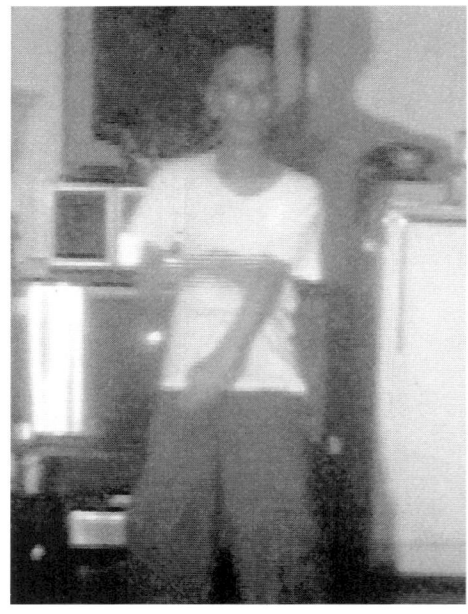

Abbildung 1-6

Der Ablauf von *Tut-Sao* und Fauststoß in der *Siu-Nim-Tau-Form* vorgeführt vom Great Grandmaster Yip Man 1972. Einige Tage später starb Yip Man. Die Bilder stammen von einem der zwei 8 mm Filme von Prof. Leung Ting. und Keith R. Kernspecht.

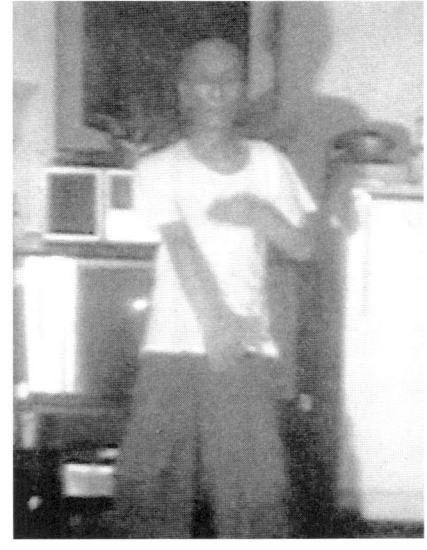

Abbildung A-E

B (links) greift plötzlich mit seiner linken Hand das linke Handgelenk von **A**. Dieser ignoriert den Griff und führt einen Fauststoß mit rechts zum Gesicht aus. Da **B** nie erwartet hätte, dass **A** sich nicht gegen seinen Griff wehrt, sondern stattdessen ohne Warnung zuschlägt, wird er vom Angriff überrascht und ohne Schutz und Abwehr ernsthaft verletzt.

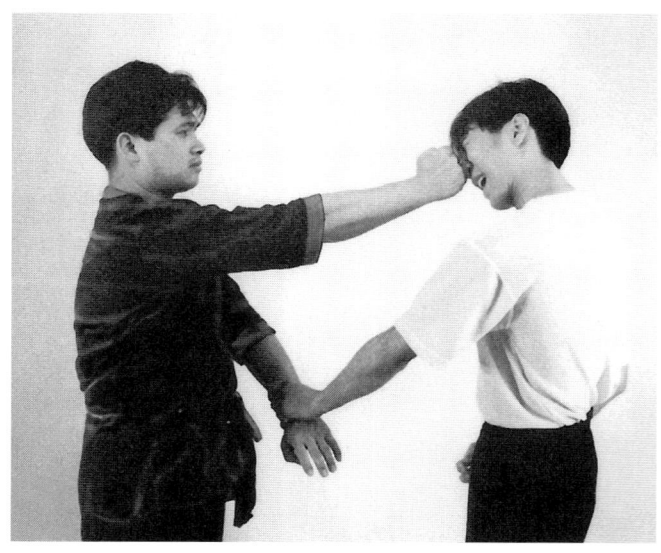

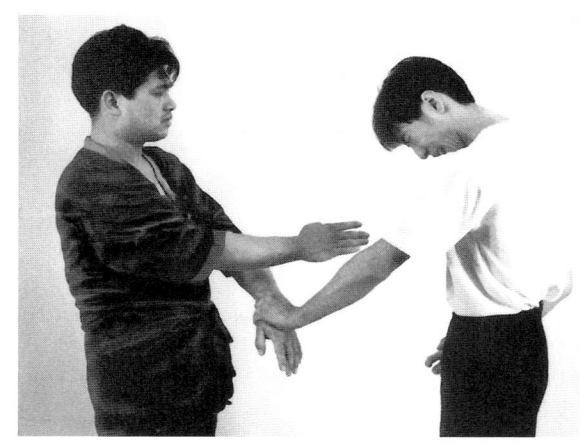

Weil **B** nun so starken Schmerzen ausgesetzt ist, dass er **A** nicht mehr stark festhalten kann, hackt nun A mit seinem rechten Arm auf das Handgelenk von **B**. Gleichzeitig zieht er seine linke Hand zurück. Dies ist der *Tut-Sao* aus der *Siu-Nim-Tau-Form*.

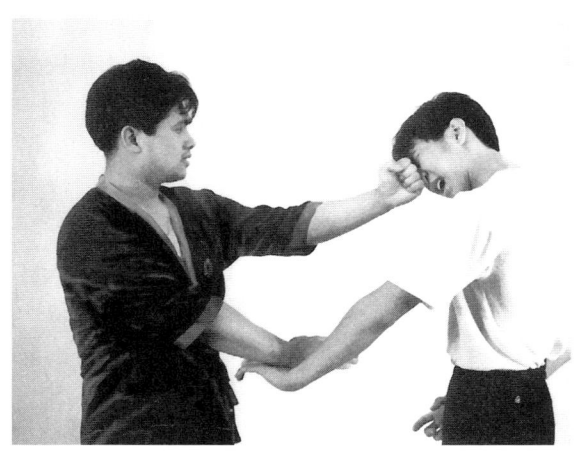

Abbildung A-F

Nun hat **A** beide Hände frei und kann eine Serie von Fauststößen als Gegenangriff ausführen. Dies sind die berühmten *Lin-Wan-Chung-Kuen* oder Kettenfauststöße des WingTsun-Systems.

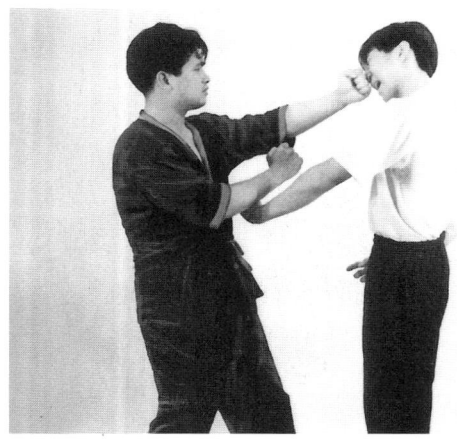

Wichtige Punkte

Den Stand einnehmen mit „Ein und einhalb Fußlängen"

Weil die Menschen verschieden gebaut sind, gibt es kein Einheitsmaß für die Breite des Standes, sondern eine Formel, um die exakte Standbreite für jede Person zu bestimmen. Beim frontalen Stand zum Beispiel sollten die Füße ein und einhalb Fußlängen auseinander gebracht werden. So wird die beste Position erreicht, um stabil zu bleiben und trotzdem schnelle Schritte auszuführen oder zu treten.

Im Folgenden wird die korrekte Methode, den Stand einzunehmen, erklärt. Zuerst wird der Oberkörper abgesenkt, indem die Knie gebeugt werden (Abbildung A). Nun werden die Füße mit den Fersen als Drehpunkt nach außen gedreht, bis sie fast eine gerade Linie bilden (Abbildung B). Zum Schluss werden die Fersen nach außen gedreht, wobei die Ballen als Drehpunkt dienen, bis die Füße ein gleichseitiges Dreieck bilden (Abbildung C).

Über den IRAS-Stand

In der deutschen Sprache würde der *IRAS* (Internal Rotated Adduction Stance oder Adduction Stance) wohl „nach innen gedrehter mit Adduktorenspannung ausgeführter Stand" heißen. In Cantonesisch wird er „*Yi-Dji-Kim-Yeung-Ma*" (二字拑羊馬) genannt. Es bedeutet, dass beide Füße beim Stand so auf dem Boden stehen, dass sie einen 60°-Winkel bilden, wobei die Knie nach innen zueinander gedreht sind.

„*Yi-Dji*" bedeutet „*Zeichen* 二 " („ 二 " bedeutet zwei auf Deutsch). Das geschriebene chinesische Schriftzeichen besteht aus einem langen Strich und einem kürzeren Strich darüber. Wenn ein WingTsun-Übender seine Fersen auf die Enden des längeren Striches und seine Zehen auf die Enden des kürzeren Striches setzt, so bilden die Füße einen Winkel wie in einem gleichseitigen Dreieck.

„*Kim-Yeung*" lässt sich übersetzen mit „eine Ziege reiten und sie dadurch halten, dass die Knie nach innen drücken". Während die Siu-Nim-Tau geübt wird, soll eine Spannung zwischen den Knien aufrecht erhalten werden. Wenn die Knie nach innen gedreht und stark aufeinander zugedrückt werden, wird eine Art verbindende Kraft zwischen den Beinen entwickelt. Durch diese starke Kraft ist es für einen Gegner fast unmöglich, einen WingTsun-Ausübenden mit einem plötzlichen Beinfeger umzuwerfen.

**Abbildung rechts:
Great Grandmaster Yip Man zeigt den IRAS.**

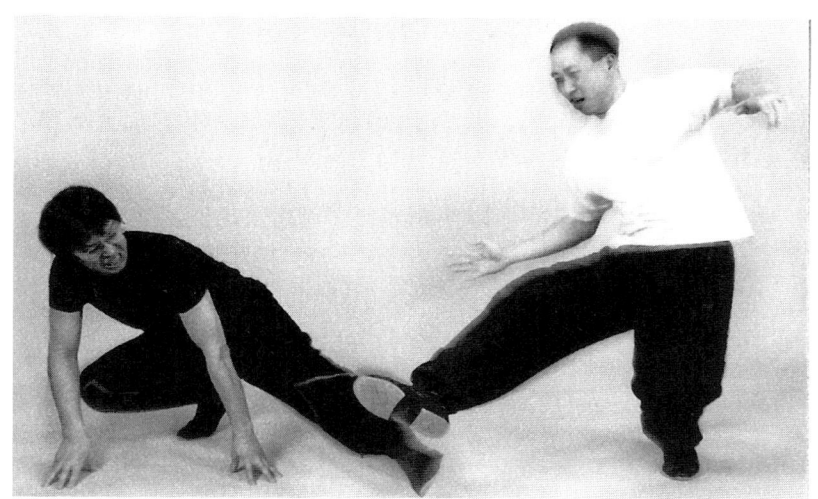

Oben: Durch die fehlende Kniespannung wird der Angegriffene leicht umgeschmissen.

Unten: Die Kniespannung verbindet beide Beine, sodass diese wie eine Einheit wirken. Auf diese Weise ist es dem Gegner fast unmöglich, sein Gegenüber aus dem Gleichgewicht zu bringen.

Mottos der Siu-Nim-Tau

Wenn die Siu-Nim-Tau-Form nach den Punkten wie auf Seite 14 beschrieben geübt wird, dann können die folgenden Mottos helfen, die Form korrekt zu machen und innere Stärke zu erlangen.

Drücke den Kopf gegen den Himmel und stehe fest am Boden
(頂天立地)

Der WingTsun-Übende sollte seinen Körper beim IRAS-Stand vollkommen gestreckt halten, als ob er den Himmel über ihm mit aller Kraft abstützen will, damit dieser nicht herunterfällt.
„Fest am Boden stehen" bedeutet, mit den Füßen nach unten zu drücken, als ob befürchtet wird, dass der Boden zu beben beginnt.
In diesem Stand sollte der Kopf nicht lasch herunterhängen. Eine lasche Haltung signalisiert Willensschwäche und der Kampf ist, schon bevor er beginnt verloren.
Der WingTsun-Schüler sollte von vornherein vermeiden, diese wohl schlimmste Position einzunehmen.

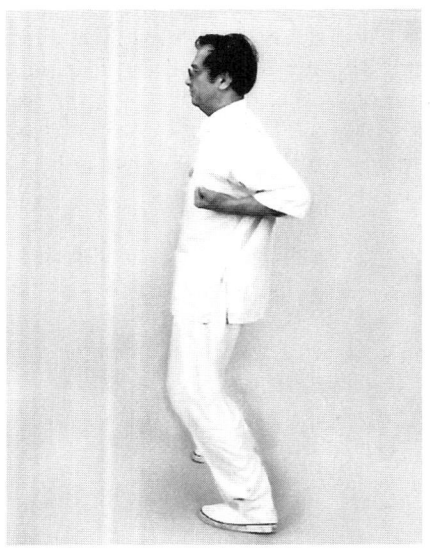

Richtige Haltung demonstriert von Great Grandmaster Leung Ting: Sein Kopf ist aufgerichtet, der Körper formt von den Schultern bis zu den Knien eine gerade Linie. Der Oberkörper ist nicht zurückgelehnt und der Brustkorb ist nicht herausgedrückt.

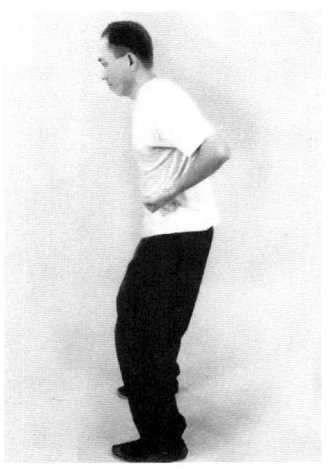

Falsche Position:
Dieser Mann lässt den Kopf hängen. Sein Körper ist zusammengesackt und die Beine sind so lasch, dass man glaubt, er würde umfallen. Dies ist wohl die schlechteste Haltung.

Kopf hoch mit horizontalem Blick (登頭平視)

Im Gegensatz zum WingTsun benutzen andere Stile hauptsächlich den frontalen Stand. Deshalb ist normalerweise auch der Kopf weiter vorne. In manchen Stilen wie z. B. dem Boxen werden die Kämpfer absichtlich so ausgebildet, dass sie den Kopf nach unten beugen, um den Hals zu schützen. Der WingTsun-Kämpfer aber nimmt eine ganz andere Position mit dem Gewicht auf dem hinteren Bein ein. Dieser Unterschied spiegelt die Philosophie des WingTsun wieder, dass im Kampf möglichst keine rohe Kraft gegen die Kraft des Gegners eingesetzt wird. Der WT-Stand mit dem Gewicht hinten ermöglicht es, die ankommende Kraft des Gegners abgleiten zu lassen. Deshalb hat der Angriffsstand, von der Seite betrachtet, die Form eines rechtwinkligen Dreiecks.

Der Kopf ist der wichtigste Teil des menschlichen Körpers. Wenn jemand am Kopf getroffen wird, kann er k.o. gehen und damit ist er unfähig weiterzukämpfen.

Deshalb halten wir unseren Kopf hinten, sodass er so weit wie möglich vom Gegner entfernt ist. Wenn also ein WingTsun-Anwender und ein Kämpfer eines anderen Stiles gleichzeitig zum Kopf schlagen, muss der andere Kämpfer einige cm weiter schlagen, um den WingTsun-Kämpfer zu treffen, wobei dieser wiederum besser verhindern kann, getroffen zu werden. Wenn jemand in einer Kampfsituation nicht auf seinen Gegner konzentriert ist, sind seine Reaktionen im Falle eines plötzlichen Angriffes zu langsam. Diese fehlende Konzentration und fehlender Blickkontakt können auch dazu führen, dass der eigene Angriff daneben geht. Dies ist der Grund für folgendes WT-Motto: „Die Augen folgen den Händen".

Unten: Wenn der Kopf nach vorne gebeugt wird (rechts), wird der Abstand zum Gegner verringert. Wird aber der Kopf hinten gehalten, vergrößert sich der Abstand zur angreifenden Faust des Gegners.

„Aufnahmefähiger" Brustkorb und aufgerichteter Rücken
(涵胸拔背)

Wegen der Ignoranz gegenüber der antiken akademischen Bedeutung des ersten chinesischen Schriftzeichens „ 涵 " (ausgesprochen als „harm"), welches „aufnahmefähig" oder „große Bandbreite" bedeutet, und wegen der Aussprache dieses Wortes, welche nahe an einem anderen Wort „chin. Schriftzeichen" (ausgesprochen als „ham"), welches eine ähnliche Bedeutung hat, „schlucken" oder „nachgeben" oder „aufnahmefähig", ist die wirkliche Bedeutung von „ 涵胸 " oft als „den Brustkorb einziehen" missinterpretiert worden.

In Wirklichkeit bedeutet der Ausdruck „aufnahmefähiger Brustkorb", dass der Brustkorb so entspannt wie möglich sein soll, um ihn besser zu fühlen. Der Brustkorb sollte wie ein halb gefüllter Luftballon sein. In diesem Zustand kann er die Energie eines Schlages absorbieren, auch wenn dieser sehr stark ist. Wenn trotzdem eine Verletzung entsteht, ist diese nicht so stark.

Ist der Brustkorb aber voll angespannt, so ist die freie Atmung blockiert und die Energie eines Angriffes kann nicht aufgenommen werden. Wenn so Verletzungen entstehen, sind diese ernsthafter. Weil der erste Teil des Mottos oft missverstanden wird, wird auch der zweite Teil (拔背)der Regel meist falsch interpretiert als Herausstrecken des Rückens.

Manchmal liegt der falsche Gedanke nahe, dass, wenn der Brustkorb eingezogen wird, der Rücken herausgestreckt werden soll. Damit sieht der Übende aber aus, als ob er einen Buckel hat.

Der zweite Teil der Regel lautet „aufgerichteter Rücken", was soviel heißt, dass der Rücken gerade und aufgerichtet gehalten wird wie ein einsamer Berggipfel.

Die korrekte Haltung demonstriert von Prof. Leung Ting (links): Beachten Sie, dass er komplett entspannt ist, und trotzdem ist der Rücken gerade aufgerichtet. (Siehe auch Seite 123 die Seitenansicht von Late Grandmaster Yip Man, der in seinem hohen Alter noch diese Haltung hatte.)

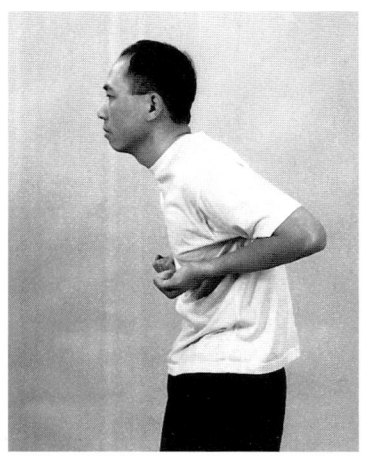

Falsche Haltung (rechts): Der Brustkorb ist eingezogen und der Rücken ist krumm wie ein Bogen. Der Ausübende hat Probleme mit der Balance seines Oberkörpers und seine Atmung ist eingeschränkt bzw. flach und ungenügend.

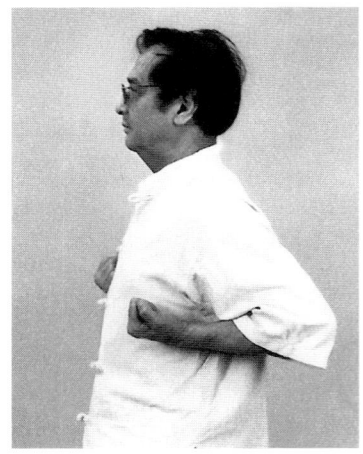

Hüfte gerade und Bauch einziehen (挺腰收腹)

„*Hüfte gerade*" und „*Bauch einziehen*" bezieht sich darauf, dass während des Übens weder der Bauch noch das Gesäß herausgestreckt wird. Wenn das Gesäß nach hinten gedrückt wird, lehnt der Körper nach vorne und der Kopf rückt folglich näher zum Gegner. Da so die Balance gebrochen wird, kann es dazu kommen, dass man nach vorne fällt. Wenn der Bauch herausgedrückt wird, lehnt der Oberkörper nach hinten, und so ist wieder das Gleichgewicht gestört und ein Umfallen ist möglich.

„*Den Bauch einziehen*" ist auch ein Weg, die Bauchmuskeln zu trainieren, während die Siu-Nim-Tau geübt wird.

Oben: Seitenansicht des IRAS von Great Grandmaster Yip Man

Falsche Position A: Weil der Bauch herausgestreckt ist, lehnt der Oberkörper zurück.

Falsche Position B: Da das Gesäß nach hinten gebeugt ist, lehnt der Oberkörper nach vorne und der Kopf ist vorne.

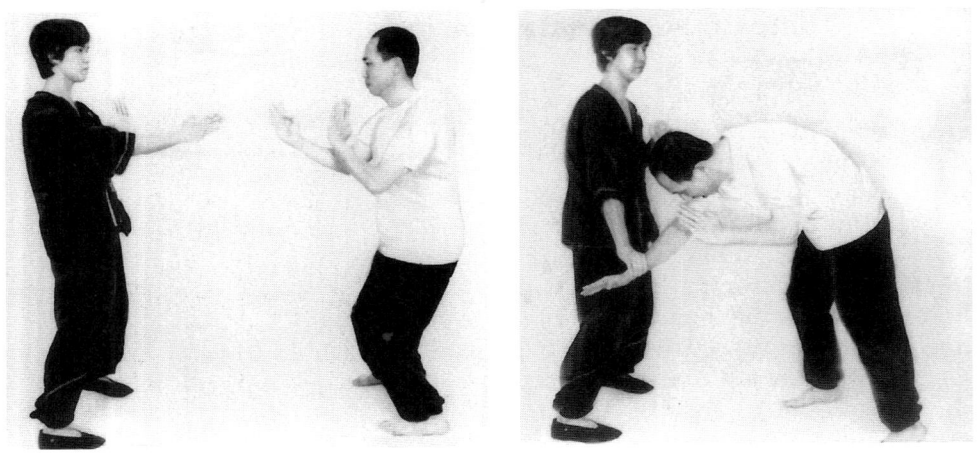

Falsch (oben): Weil das Gesäß nach hinten gebeugt ist, lehnt der Oberkörper nach vorne und ein leichter Zug des Gegners bewirkt ein nach vorne Fallen.

Falsch (unten): Durch das Vordrücken des Bauches lehnt der Oberkörper nach hinten. Bei einem plötzlichen Druck des Gegners fällt der Übende um.

Richtig (oben): Der Kopf ist natürlich am weitesten vom Gegner weg platziert. Deshalb ist das Risiko, getroffen zu werden, geringer. Wenn jemand so plötzlich gezogen wird, kann er den rechtwinkeligen dreieckigen Stand beibehalten und dringt pfeilschnell in den Stand des Gegners ein.

Richtig (unten): Mit einem richtigen IRAS kann bei einem Stoß 45° in jede Richtung gewendet werden, um die Kraft ins Leere laufen zu lassen.

Tiefer Ellbogen und entspannte Schulterhaltung
(沈肘落膊)

Wenn eine Armtechnik ausgeführt wird, sollte der Ellbogen so tief wie möglich platziert sein. Die Schulter sollte vollkommen entspannt sein. Wenn jemand die Siu-Nim-Tau mit einer unnatürlichen Atmung, steifen Muskeln und verspannter Schultermuskulatur übt, kann er nicht die maximale Kraft entwickeln.

Hinter dem obigen Motto steckt aber noch eine andere Theorie. In einer Vorkampfposition positioniert ein WingTsun-Kämpfer seine Hände auf Brusthöhe hintereinander. Der Arm, welcher näher am Körper ist, dient nicht nur zum Angriff, sondern auch als Schutz.

Der Ellbogen des schützenden Armes befindet sich auf Hüfthöhe, etwa eine Faustbreit vom Körper entfernt. In dieser Position kann die Hand den Brustkorb und den Kopf schützen, während der Ellbogen die Hüftgegend und darunter schützt. Der Ellbogen des schützenden Armes ist wie der Stoßdämpfer eines Autos. Wenn der Ellbogen zu hoch gehoben wird, ist die Hüftgegend nicht mehr geschützt.

Oben: Great Grandmaster Leung Ting zeigt den „*Sinkenden Ellbogen*" und die richtige Schulterposition.

Unten: In der Vorkampfposition ist der Ellbogen des schützenden Armes etwa eine Faustbreit vom Körper entfernt und wirkt wie der Stoßdämpfer eines Autos. Selbst wenn ein Angreifer plötzlich einen tiefen Angriff landen will, kann die Distanz zwischen Ellbogen und Körper einen großen Teil der Kraft absorbieren.

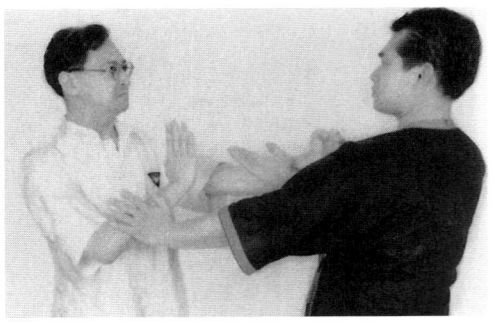

Zwei der häufigsten Fehler

Linke Abbildung:
Die Muskeln sind hier angespannt und die Schulter deshalb angehoben. Die Fauststöße sind deshalb nicht kräftig. Auch der Ellbogen ist zu hoch und kann vor tiefen Angriffen nicht schützen. In diese Abwehr kann leicht eingedrungen werden.

Rechte Abbildung:
Dieser Mann führt einen Fauststoß aus, wobei der Ellbogen hoch ist. So ist ein Konter leicht möglich, wenn er von unten nach oben unter dem Abwehrarm ausgeführt wird.

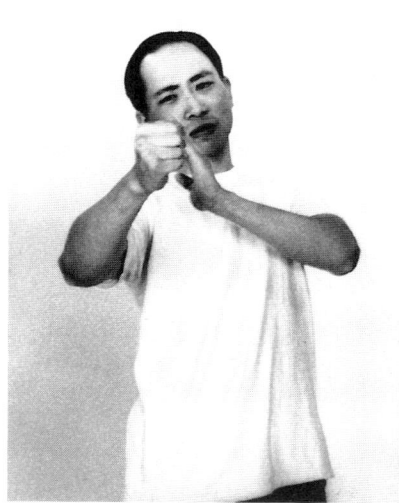
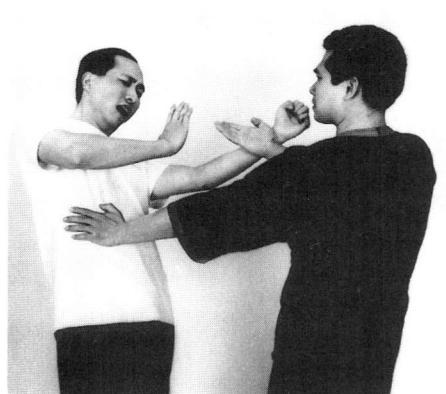

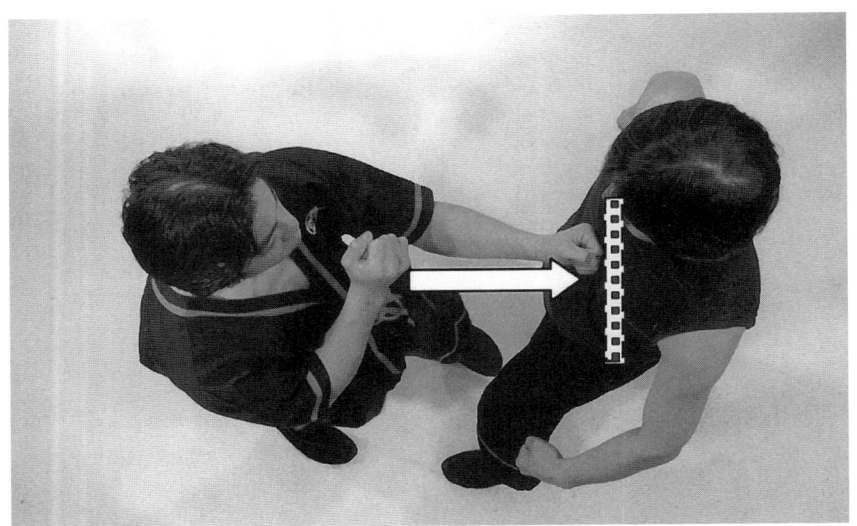

Richtig (oben): Der Fauststoß wird entlang der Zentrallinie ausgeführt, wobei der Ellbogen tief ist. Der Angriff ist ähnlich wie ein senkrechter Messerstich Richtung Gegner, nach dem Motto: *„Lasse den Ellbogen in der Mitte, wenn du einen Fauststoß ausführst."*

Falsch (unten): Wenn der Ellbogen nach oben geht, wird der Fauststoß in einem Winkel ausgeführt. Bei einem schrägen Schlag ist die Kraft weitaus geringer als wenn der Schlag aus einem 90°-Winkel kommt.

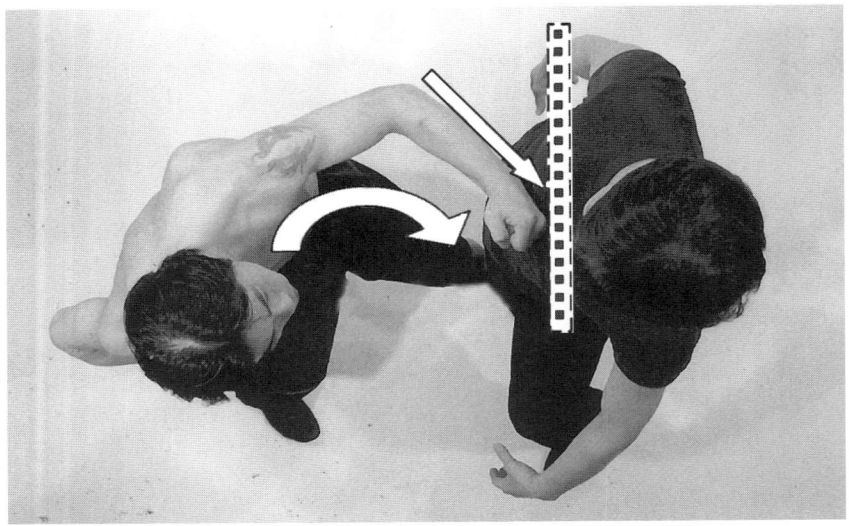

Die Theorie der Zentrallinie

Im WingTsun teilt die Theorie der Zentrallinie den Körper in zwei Sektionen: den Rumpf und die vier Gliedmaßen. Der Rumpf ist der wichtigste Teil. Wenn ein Teil des Rumpfes abgeschnitten wird, stirbt der Mensch. Wenn aber alle Gliedmaßen abgeschnitten werden, kann der Rumpf immer noch überleben. Die Gliedmaßen dienen also dazu, den Körper zu schützen.

Wir haben eine eigene Lektion im WingTsun, die Beinarbeit oder auch übersetzt **„Unterkörper Kung-Fu"** (下盤功夫), die Kampf- und Verteidigungstechniken für den unteren Bereich wie z. B. Tritte, Wendungen und verschiedene Schritttechniken beinhaltet. Das ist eigentlich der wichtigste Teil des WingTsun, war aber lange Zeit geheim.

Ein WingTsun-Experte nutzt die Schrittarbeit nicht nur für Angriffe, sondern auch als Schutz für seinen Unterleib und die empfindlichen Punkte im Bauchbereich.

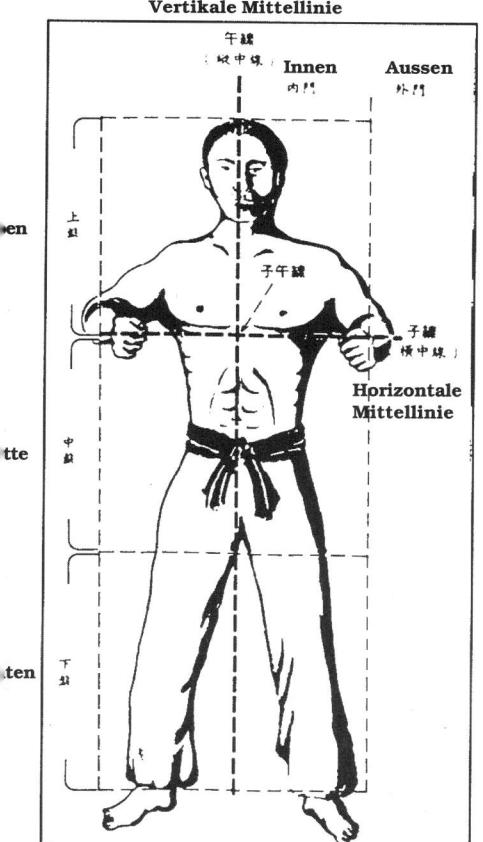

Dies ist auch der Grund, warum es im WingTsun keine Techniken gibt, bei denen zur Abwehr von tiefen Techniken der Körper nach unten gebeugt wird, um diese mit den Armen auszuführen.

Die WingTsun-Theorie besagt, dass die Abwehr umso schwerer ist, je länger die „Verteidigungslinie" ist. Weil wir unsere Beine nicht verteidigen müssen, können wir alle Energie zur Verteidigung bzw. zum Angriff auf die „kurze Verteidigungslinie" konzentrieren, die vom Kopf bis zum Unterleib geht.

Diese Kampftaktik wird **„Close Application of Mid-level Attack"** (密集中門) genannt.

Dies ist auch der Grund, warum bei der Vorkampfstellung im WingTsun eine Hand vor der anderen entlang der Zentrallinie positioniert wird. Diese ist die „kürzeste gerade Linie" zwischen dem WT-Anwender und dem Gegner. Wenn sie einmal besetzt ist, muss der Gegner eine längere Linie zum Angriff verwenden. Deshalb kann der WT-Anwender wesentlich schneller angreifen oder einen Gegenangriff ausführen als der Gegner. Auch dafür gibt es im WingTsun ein Motto: **„Während andere über den Rücken des Bogens gehen, gehen wir über die Sehne."** (人走弓背我走絃)

Abbildung rechts:
Ein WingTsun-Anwender hat seine Arme hintereinander auf der Zentrallinie ausgerichtet. Dies ermöglicht jeder Hand, Angriff oder Verteidigung auszuführen.

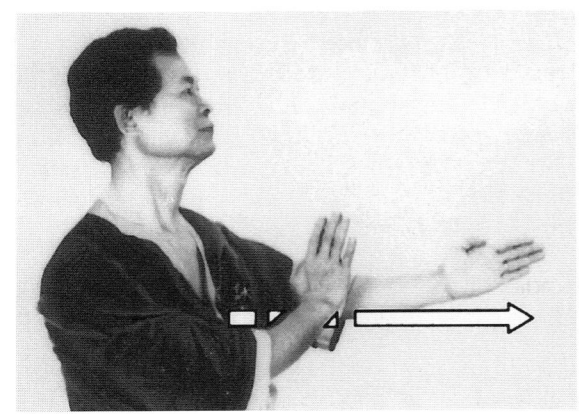

Unten:
Weil beide Arme des WT-Anwenders (links) die kürzeste gerade Linie (Zentrallinie) zwischen ihm und dem Gegner blockieren, macht es nichts aus, dass der Gegner oben (linkes Bild) oder unten angreift (rechtes Bild). Die Fauststöße des WT-Anwenders treffen immer früher.

Ein WT-Schloss?

Schloss Langenzell bei Heidelberg ist das europäische Hauptquartier für WT

■ Absolut einzigartig

Es gibt nur ein *WT-Schloss* und zwar in Deutschland. Dort befindet sich auch die WT-Zentrale für die westliche Welt. Internationale WT-Ausbilder, die heute Schulen in ganz Europa und auch auf anderen Kontinenten betreiben, haben ihre Ausbildung auf *Schloss Langenzell* erhalten.

■ Eine Atmosphäre wie im Kloster

Great Grandmaster Leung Ting selbst, 10. Grad WingTsun und Oberhaupt der Internationalen WingTsun Association, hatte die Idee. Besonders fleißige Schüler des WT-Stiles, der vom verstorbenen Great Grandmaster Yip Man perfektioniert worden war, sollten jeden Tag bis zu acht Stunden in einer klösterlichen Atmosphäre trainieren können. Prof. (BG) Keith R. Kernspecht, 10. Grad Wing Tsun, ein ehemaliger Universitätsdozent mit über 40 Jahren Kampfkunsterfahrung, nahm sich die Idee seines Si-Fu zu Herzen und verwirklichte Great Grandmasters Leung Tings Traum von einem echten WingTsun-Schloss.

■ Das europäische WingTsun-Hauptquartier

Schloss Langenzell ist seit 1981 die europäische WT-Zentrale. Der europäische Cheftrainer und sein hochprofessionelles Ausbilderteam unterrichten täglich bis zu acht Stunden und sieben Tage in der Woche. Das Training ist vor allem auf realitätsbezogene Selbstverteidigung ausgerichtet. Die traditionellen Unterrichtsprogramme werden sehr intensiv unter dem Aspekt der praktischen Anwendung gelehrt. Vorurteilsfrei teilt das Ausbilderteam sein Wissen mit allen ernsthaft Interessierten, unabhängig von deren Herkunft, Glauben oder Kampfkunsterfahrung. Sowohl Anfänger als auch Fortgeschrittene sind willkommen. Kostengünstige Unterkunftsmöglichkeiten findet man in zahlreichen Privatpensionen, Hotels und Appartments in nächster Nähe zum Schloss.

```
Preise für spezielle Ausbilder-Kurse:
- 1 Woche, 5 Tage / 8 Std. pro Tag:    € 375
- 1 Monat:                             € 1000
- 18 Monate (pro Monat):               € 350
- 24 Monate (pro Monat):               € 300

Verpflegung und Unterkunft nicht inbegriffen!
```

■ Bücher und Zeitschriften:

Gegen Scheck- oder Barzahlung erhalten Sie die aktuelle Ausgabe des verbandseigenen Magazins „WT-Welt". **Sifu Kernspechts eigene Bücher**, „Vom Zweikampf", „Angriff ist die beste Verteidigung" und „Verteidige dich[3]", faszinierende Bestseller, erscheinen in mehreren Sprachen.

■ So geht's nach Schloss Langenzell

Bitte vereinbaren Sie zunächst schriftlich einen Termin. Schloss Langenzell befindet sich ganz in der Nähe von Heidelberg. Wenn Sie mit dem Flugzeug anreisen, nehmen Sie den Zug nach Heidelberg, von dort weiter nach Neckargemünd und dann mit dem Taxi nach Schloss Langenzell.

EWTO (Europäische WingTsun Organisation)

Neues Schloss Langenzell
D 69257 Wiesenbach
Tel.: 0049 (6223) 4 72 50
Fax: 0049 (6223) 4 81 25

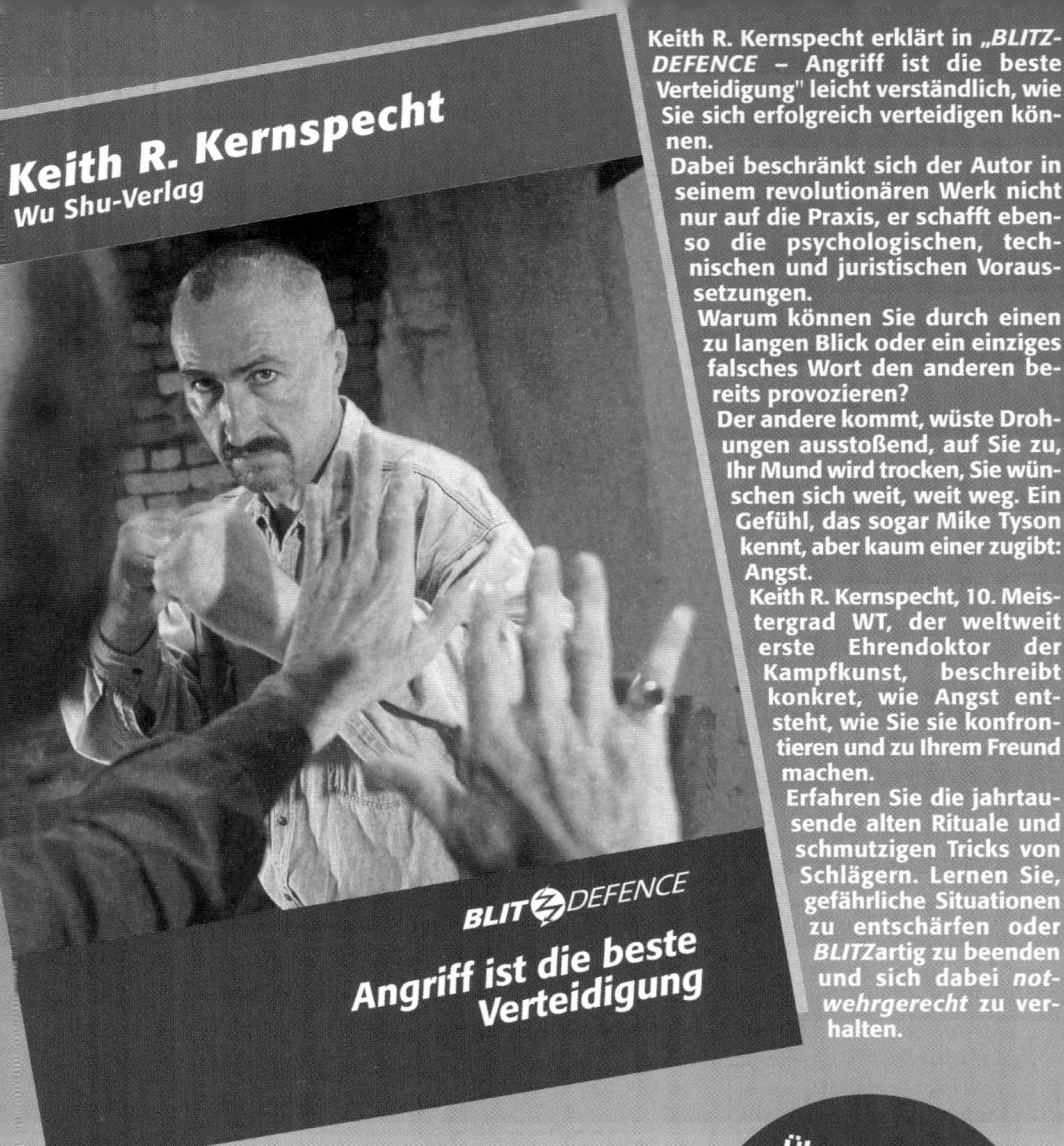

Geoff Thompson über „Angriff ist die beste Verteidigung"

Heutzutage ist eine Schlägerei nach dem Bier fast so normal wie eine Praline nach dem Abendessen. In einer Angriffssituation sind Optionen sehr nützlich, von der klug vermiedenen Konfrontation bis zum Alles-oder-nichts vor der Pommesbude. Die Alternativen sind variabel und subjektiv, aber wenn dein Adrenalin rast und deine Kniescheiben einen unfreiwilligen Bossa Nova vorführen, liegt die Wahl einzig und allein bei dir.

Vergiss gleich den Daumenhebel mit Schulterwurf, den du in unzähligen Büchern und Vorführungen siehst. So was ist ebenso gefährlich wie unrealistisch. Wenn es e r n s t wird, solltest du auf Keith R. Kernspecht und über 40 Jahre Kampfkunsterfahrung auf höchster Ebene hören.

Es ist mir deshalb eine Ehre und ein Vergnügen, ein Nachwort zu diesem wundervollen Text zu schreiben. Warum eine Ehre? Weil der Autor, Keith R. Kernspecht, einer der angesehensten und respektiertesten Größen der Kampfkunstwelt ist. Wer würde sich nicht geehrt fühlen, zu solch einem bahnbrechenden und wegweisenden Buch beitragen zu dürfen?

Und ein Vergnügen? Weil der Autor weiß, wovon er redet – in der Kampfkunst-Traumwelt mit ihren Möchte-, Würde- und Könnte-Gerns ist das erfrischend ungewöhnlich. Wenn das Wort „Realität" plötzlich ganz akut wird, wissen dieses Buch und sein charismatischer Autor genau, was zu tun ist. Meine ist nicht die subjektive Ansicht eines Zuschauers, sondern die objektive Wahrheit eines alten Kämpfers, der immer noch das Blut, den Rotz und den Staub seiner Kampferinnerungen mit sich trägt. Ich hatte es schon mit tausenden von Auseinandersetzungen zu tun – wo der Siegerpreis (meistens) darin bestand, weggehen zu können und der Trostpreis des Verlierers ein Kranken-hausbett, oder – wenn er weniger Glück hatte als ich – ein Etikett am großen Zeh im Leichenhaus war. Ich weiß, was Realität ist, und dieses Buch handelt von der Realität. Es ist natürlich wichtig, als Vorbereitung für eine mögliche Auseinandersetzung über eine ausreichende körperliche Artillerie zu verfügen, aber es ist ebenso wichtig, nein unerlässlich, dass wir auch im Kopf gewappnet sind und den Mumm aufbringen, abzudrücken, wenn der Wirkstoff Adrenalin in die Patronenkammer unserer Kampfpistole geschoben wird. So viele erstklassige Dojo-Kämpfer fallen im Ernstfall auseinander wie ein billiger Anzug, weil ihnen die Vorbereitung auf die o so wichtigen paar Sekunden vor dem richtigen Kampf fehlt, in denen man zuerst die Angst beherrschen muss, ehe man den Kampf kontrollieren kann.

Wenn wir den Feind und uns selbst verstehen, so Sun Tsu, brauchen wir das Ergebnis von hundert Schlachten nicht zu fürchten. Wie viele von uns können aber wirklich behaupten, sich selbst zu verstehen? Wie viele wissen wirklich, wie sie reagieren werden, wenn der Instinkt zum Weglaufen stärker ist als der Wille zum Kämpfen? Und verstehen wir wirklich den reellen, heutigen Feind oder bereiten wir uns auf die stilisierte, bereinigte und sterilisierte Version vor, die uns unser Ausbilder ständig im Trainingsraum vorführt?

Vergiss „Block und Konter", das kommt nie vor, vergiss den Schulterwurf mit Armhebel, der ist schon so altbekannt, dass er in Spinngewebe erstickt, und fange gar nicht erst von den mehreren Angreifern an, die brav der Reihe nach angreifen und nur Techniken anwenden, die einer stilisierten Idee von dem entsprechen, „wie es sein muss", oder zumindest so sind, wie wir oder unsere Ausbilder es uns vorstellen. Tatsächlich kannst du den ganzen körperlichen

Kram zunächst einmal vergessen, denn ehrlich gesagt, das ist der leichte Teil des Ganzen. Wenn du lernst, sehr hart und immer als Erster zuzuschlagen, wirst du in den meisten Situationen nicht viel falsch machen. Was mich mehr interessiert ist, wie du mit den paar Sekunden klar kommen wirst, die vor dem eigentlichen Kampf liegen, was du tun wirst, wenn der Gegner dir säbernd und mit schlimmen Beleidigungen (der erste Angriff ist oft verbal) ins Gesicht schreit, dass er dir die Nase abbeißen, deine Frau vergewaltigen, dir dein Haus abfackeln oder dich am Arbeitsplatz aufsuchen wird usw., wenn er so aggressiv ist, dass du dich am liebsten zusammenrollen und sterben würdest und jedes einzelne, einsam Körperteil um sein Leben rennen möchte. Was wirst du machen? Ja, was wirst du nun machen?

Wenn du glaubst, das passiert dir nie, wenn du nur für einen Moment denkst, dass du all diese Gefühle und mehr nicht erleben wirst, dann befindest du dich jetzt schon im traurigen Irrtum und bist für eine reelle Auseinandersetzung schlecht vorbereitet. Du wirst Angst haben und weglaufen wollen. Bereite dich dein Vorkampftraining (machst du überhaupt Vorkampftraining?) darauf vor? Hast du deinen Willen trainiert, damit er stärker ist als dein natürlicher Instinkt wegzulaufen? Setzt du dein Training, dein System, unter extremen Druck, damit du dieses Phänomen in einer kontrollierten Umgebung aus erster Hand erleben kannst?

Dieses Buch, dieses wundervolle Werk, stellt alle diese Fragen und mehr, es eröffnet neue Perspektiven in den Kampfkünsten und bringt gesunden Menschenverstand wieder in jenen Vordergrund, wo Unsinn bisher fest im Sattel saß. Es stößt in ein Gebiet vor, wohin sich bisher nur wenige Autoren gewagt haben und befasst sich mit Themen, die nur wenige verstehen oder nur sehr un gern anschneiden: die Vorkampfphase, das Machogehabe, die Angst, der Zaun, der nur selten erwähnte Erstschlag, die taktile Phase, Anti-Bodenkampf, Nahkampf und auch die nachträgliche Verarbeitung des Geschehenen, was mit Geist und Körper geschieht, wenn der Kampf vorbei ist. Wie jedes Werk von Keith ist dieses Buch aufregend, weil es eigene Wege geht, weil es nicht folgt, sondern führt. Bildlich gesehen ist es ein Löwe von einem Buch und kein Schaf, und ich empfehle es selbstverständlich uneingeschränkt.

Die meisten Konfrontationen sind vermeidbar, wenn man aufmerksam bleibt und den Verstand walten lässt. Unvermeidbare Situationen sind kontrollierbar, wenn man das Ego zu Hause lässt und sich selbst und den anderen versteht. In den wenigen Situationen, wo nichts anderes mehr hilft, musst du vielleicht vom Leder ziehen, Hammer oder Amboss sein. Wenn es soweit kommt, ist eine gute Grundschule im schnellen Laufen oder im harten Kämpfen unwahrscheinlich nützlich, und wen nur das letztere im Angebot ist, dann könnte dir dieses Buch das Leben retten. Es wird dich jedenfalls auf alle Möglichkeiten vorbereiten, dessen bin ich mir sicher.

Viel Spaß beim Lesen, viel Glück und viel Erfolg!

Geoff Thompson

Autor von:
„Die Tür" **und** *„Die Angst"*

Ein Karate-Vize-Weltmeister über „Angriff ist die beste Verteidigung"

Als mein langjähriger Freund, Keith R. Kernspecht, mich einlud, etwas zu seinem neuen Buch „Angriff ist die beste Verteidigung" zu schreiben, war ich dazu gerne bereit.

Dieses Buch ist ausschließlich dem Selbstverteidigungsaspekt gewidmet, der bei uns im Kampfsport eher eine Nebenrolle spielt. Wie ein Großwildjäger, der das Revierverteidigungs- und Jagdverhalten von Raubtieren erforscht, hat der Autor als erster konsequent die jahrtausendealten, aber weitgehend unbeachteten Gesetze untersucht, die die primitiven Ritualkämpfe zwischen Männern regeln.

Nur wer diese Verhaltensweisen kennt, kann vermeiden, dass ein Blick oder ein Wort zu einer Katastrophe eskaliert, die zu oft Menschenleben kostet. Der Autor gibt praktizierbare Hinweise, wie ein Kampf vermieden werden kann, mahnt dabei, dass es nicht um Gewinnen, sondern nur um Schadensbegrenzung gehen kann.

Aber es gibt auch Situationen, die sich nur durch noch größere Gewalt lösen lassen. Und Kernspecht macht mir Recht unmissverständlich deutlich, dass in einer bestimmten Distanz unter Umständen nur der Erstschlag die Möglichkeit bietet, das Recht zur Notwehr überhaupt nutzen zu können.

Wie der friedfertige Bürger mit Adrenalin-Effekten wie der lähmenden Angst fertig wird, woran er den richtigen Augenblick zum Eingreifen erkennt, mit welchen Mitteln er seine Verteidigungsbereitschaft bis zuletzt tarnt und mit welchen psychologischen Tricks er seine Hemmung überlistet, den nötigen Befreiungsschlag auszuführen, das lehrt dieses Werk. Und es lässt uns nicht nur den Kampf auf der Straße erfolgreich beenden, sondern auch den unter Umständen folgenden Kampf vor Gericht, indem es uns zeigt, wie wir die Rechtmäßigkeit unserer Notwehrhandlung schon von vornherein verbal und körpersprachlich darstellen.

Ein Buch, das umdenken lässt!

Siegfried Wolf
6. Dan Karate
2. Grad WingTsun

Sigi Wolf setzt mit Erfolg die vertikale Faust mit tiefem Ellbogen aus dem WT-System ein.

„Keith R. Kernspecht hat als Erster konsequent die jahrtausendealten, aber weitgehend unbeachteten Gesetze untersucht, die die primitiven Ritualkämpfe zwischen Männern regeln. Nur wer diese Verhaltensweisen kennt, kann vermeiden, dass ein Blick oder ein Wort zu einer Katastrophe eskaliert, die zu oft Menschenleben kostet."

Notwehr-Risiken im Verteidigungsfall

Großmeister Kernspecht schildert in diesem Buch den Ablauf eines (Ritual-)Kampfes in seinen psychologischen und biochemischen Abläufen bei den Kontrahenten zutreffend und anschaulich.

Im psychologischen Vorteil ist grundsätzlich der Aggressor, weil er bestimmt, ob, wann und wie er angreift, und seine inneren biochemischen Abläufe gerade wegen dieser Entscheidungshoheit optimiert sind. Entweder verliert das Opfer gerade wegen der psychologischen Überlegenheit des Aggressors, oder es gelingt ihm, sich selbst sehr schnell innerlich zu stabilisieren und seine Stärken, sprich Selbstverteidigungstechniken, effektiv einzusetzen.

Im ersten Fall wird das Opfer zusammengeschlagen und kann anschließend mühsam um seine Rechte kämpfen.

Im zweiten Fall wird der Angreifer zwar in Notwehr abgewehrt, aber nunmehr lauern auf das überlegene Opfer rechtliche Gefahren, wenn der Aggressor verletzt wurde, weil manche Staatsanwälte und Richter die von Kernspecht geschilderten inneren Abläufe nicht kennen und sich diesen verschließen, da sie Vorurteile gegenüber Kampfsportlern haben.

Oftmals neigen Staatsanwälte und Richter in Verhandlungen dazu, das sich oft in Sekundenbruchteilen abspielende komplexe Kampfgeschehen künstlich in einzelne Handlungsabschnitte zu zerlegen und schachbrettartig zu philosophieren, ob und wie man idealerweise unter Schonung des Angreifers, der sich natürlich im Prozess als Opfer gibt, seine Verteidigung hätte gestalten können und müssen.

Dass diese Anschauungen lebensfremd und falsch sind, liegt auf der Hand, sie gehören aber leider zum Risiko vor Gericht.

Daher ist es für die Strafverteidigung erforderlich, Beweisanträge auf Einholung entsprechender Gutachten zu stellen. In Betracht kommen Gutachten aus dem Bereich Psychiatrie/Psychologie sowie Nahkampf bzw. Kampfsport.

Rechtsanwalt Dr. Thomas Etzel

zugelassen beim Münchner Amtsgericht, Landesgericht I und II, Oberlandesgericht sowie beim Bayerischen Obersten Landesgericht

5. Mai 1996
2. TG WingTsun

31. Juli 2000
5. Dan Hosindo

3. Oktober 2000
Ernennung zum Sifu

1. Januar 2001
Ernennung zum Gastprofessor der Hanseo Universität in Susan, Korea (Department of Security and Secretarial Services)

9. Mai 2001
7. Dan Hapkido

28. Februar 2002
3. TG WingTsun

Stellungnahme eines Personenschützers zu „Angriff ist die beste Verteidigung"

In den langen Jahren meiner Ausbildung in verschiedenen Kampfkünsten ging es mir von Anfang an um die praktische Umsetzung im Alltag. Als ich dann die Kampfkunst WingTsun kennenlernte, hatte ich endlich eine realistische Selbstverteidigung gefunden, die mir mehr Sicherheit gab als das bisher Erlernte.

Als Leiter eines Sicherheitsunternehmens, das sich auf Objekt-, Veranstaltungs- und Personenschutz spezialisiert hat, stellte ich fest, dass körperliche Auseinandersetzungen leider immer mehr zum Alltag wurden.
Dabei habe ich erfahren müssen, dass ein technisches und kämpferisches Vermögen den Kampf vor Ort entschied, das gerichtliche Nachspiel aber oftmals ungünstig ausging.
Mit der Strategie von „Blitzdefence" haben meine Mitarbeiter, Schüler und ich eine Handlungsanleitung, die es uns ermöglicht, Konflikte so zu lösen, dass wir auch vor den kritischen Augen der Justiz bestehen können.
Mit „Blitzdefence" hat Prof. Keith R. Kernspecht eine Strategie entwickelt, die uns in Stresssituationen sehr hilfreich ist, und mit seinen Bücher hat er uns eine gute Informationsquelle gegeben. In meiner Firma gehört das Buch „Angriff ist die beste Verteidigung" zum festen Bestandteil der Ausbildung.
„Blitzdefence" habe ich bei der Polizei in Bolivien vor einem Jahr eingeführt, dies wurde mit hohem Interesse angenommen. Im Department of Security and Secretarial Services an der Universität in Susan Korea, bin ich als Gastprofessor tätig und werde dort diese Strategie ebenso einführen.
„Blitzdefence" ermöglicht uns, gefährliche Situationen mit Intelligenz entgegen zu treten.

Abschließend möchte ich meinem Sifu Keith R. Kernspecht danken, dass ich das alles lernen durfte, meinem Sihing, Sifu Heiko Martin, dafür, dass er mir schon seit Jahren mit seinem Rat zur Seite steht.

Josef Schoop

Wie man „streetwise" werden kann.

Ein Polizeipsychologe über die Bücher „Vom Zweikampf", „Blitzdefence – Angriff ist die beste Verteidigung" und „Die Tür"

Pinizzotto u.a. (1997) stellen bei ihrer Untersuchung zu Angriffen auf Polizeibeamte fest, dass viele Gangmitglieder eine kaltblütige und gnadenlose „Streetgang"-Mentalität und mangelndes Schuldbewusstsein zeigen. Sie sind auf Schlüsselwörter fixiert wie „Respekt", „Status", „Ehre" und „Loyalität". „Training zum Verständnis solcher Arten von Kulturen und Denkweisen/ Mentalitäten wäre nützlich für die Polizei." (Pinizzotto u.a. (1997, S 31). Mit anderen Worten: Eine Konsequenz aus der Untersuchung von Pinizzotto u.a. müsse sein, dass Polizisten „streetwise" werden, d.h. wissen, wie gewaltbereite Personen denken, fühlen und handeln. Denn deren Denken, Fühlen und Handeln entspricht keineswegs dem der bürgerlichen Mittelschicht.
Was man konkret tun kann und was man unbedingt lassen muss, um sich in gewaltbereiten Umgebungen gewaltfrei bewegen zu können, wird anschaulich in den Büchern von Kernspecht und Thompson beschrieben. Diese drei Bücher befassen sich nämlich alle mit einem kaum beachteten Gebiet, und es ist durchaus sinnvoll, sie im Zusammenhang zu betrachten. Alle drei Bücher beschäftigen sich nämlich mit dem Thema „Straßenkampf", dem Kampf mit extrem gewaltorientierten Personen, der plötzlich aus Ritualkämpfen usw. entsteht und ohne feste Regeln abläuft. Und deshalb muss jeder, der in Kontakt mit gewaltbereiten Personen kommen könnte, sich mit der Thematik Straßenkampf beschäftigen. Denn selbst eine Ausbildung in den traditionellen Kampfsportarten ist nicht unbedingt eine Garantie dafür, extrem gewalttätige Situationen bewältigen zu können. In allen drei Büchern wird nämlich darauf hingewiesen, dass jeder, der traditionelle Kampfsportarten versteht und betreibt, durch Training nicht unbedingt eine Haltung erwirbt, die notwendig ist, sich z.B. skrupellosen Schlägern entgegenzustellen. „Er, der im Training niemals besonders hart und mit ungewöhnlichen Techniken kämpft, der ist zum einen auf karatemäßigen Techniken fixiert und reagiert auf andere Techniken meist verkehrt."
Kernspecht beschreibt anschaulich die psychologische Situation, wenn man sich plötzlich in einer völlig fremden Welt befindet:
„Meister in Kampfsportarten sind fassungslos und nahezu hilflos, wenn sie mit primitiver Aggressivität und Straßensprache konfrontiert werden. Plötzlich befinden sie sich in einer anderen fremden Arena und nicht mehr in ihrer vertrauten Welt."
Die Welt des Straßenkampfes usw., die in den drei Büchern beschrieben wird, ist also nicht die zumeist friedliche Welt der Mittelschicht. Und der Herausgeber der deutschen Ausgabe warnt ausdrücklich davor, „dem Beispiel des Türstehers Geoff Thompson bis zum bittern Ende zu folgen. Sich

ins Milieu zu begeben, um innerlich hart (tough) zu werden für vielleicht nie stattzufindende Ernstfälle, das ist kein harmloses Allheilmittel gegen die Angst, sondern gefährdet Ihre Moral. Wer sich in solchen Kreisen bewegt, kommt vielleicht nie mehr heraus." Erfreulicherweise muss man sich aber nicht direkt in dieses Milieu begeben, um Informationen über den Straßenkampf und die Psychologie extrem gewaltbereiter Personen zu gewinnen, sondern kann sehr viel aus den drei Büchern darüber erfahren. Vor allem kann man darin die psychologischen u.a. Faktoren finden, die zur Gewalt führen und kann so sehr viel dazu beitragen eine gewalttätige Interaktion zu vermeiden. Denn das Gegengewicht zu der Gewaltbereitschaft dieses Milieus bilden Meinungen wie z.B. „Die Eskalation der Gewalt muss um jeden Preis verhindert werden!" Oder „Ein vermiedener Kampf ist sogar noch erstrebenswerter als ein gewonnener Kampf" (Kernspecht). Und Thompson überschreibt sein Kapitel 5 mit „Kämpfen ohne zu kämpfen", womit er ausdrückt, dass man durch „psychologische Kriegsführung" den körperlichen Kampf vermeiden kann. Auch Kernspecht (1987, S 252) weist auf die Wirkung der psychologischen Kriegsführung hin, durch die das Opfer eingeschüchtert und dadurch schon vor dem Kampf besiegt wird. Seinen Beobachtungen nach begannen mit einer demoralisierenden Beschimpfung des Kontrahenten, wodurch der Sprecher „sich überdimensional aufblähte und mit der Körpersprache Überlegenheit signalisierte". Kernspecht beschreibt hier genau das Wirken zweier der von Miller (1958) gefundenen sechs zentralen Themen der Kultur der Unterschicht:
a) Härte (körperliche Verwegenheit, die sich durch den demonstrativen Besitz von Stärke, Ausdauer und athletischen Fähigkeiten äußert) und
b) Smartness (u.a. sprachlicher Wettstreit, wobei ständig aufreizende Beleidigungen ausgetauscht werden)

Die weiteren Ausführungen von Kernspecht (1987 S. 251) sind sowohl aus praktischen als auch aus theoretischen Gründen interessant. Er zeigt nämlich auf, wie sich allmählich eine gewalttätige Handlung aufbaut, also nicht von Anfang an da ist. Er bestätigt damit das Modell der Gewaltentstehung nach Zimbando (1969), bei dem die Gewalt dadurch entsteht, daß sich starke Gefühle immer mehr aufschaukeln. Wäre die Aggressivitätstheorie richtig, müsste die Gewalt von Anfang an stark sein und immer mehr im Laufe einer Handlung abnehmen.

Wie sich aber in der Realität tatsächlich Gewalt entwickelt, schildert Kernspecht anschaulich in seinem Buch vom Zweikampf: „Die eigene Stimme und die Tatsache, dass er ungestraft Beleidigungen ausstoßen darf, macht dem Schimpfenden noch mehr Mut und dem ohne Gegenwehr Zuhörenden immer mehr Angst. Je frecher und beleidigender das Großmaul werden kann, desto ängstlicher wird notwendigerweise der Beschimpfte … Die Reaktion des anderen zeigt, wie weit er gehen kann. Lässt er dies widerstandslos über sich ergehen, ist er reif für Ohrfeigen, Schläge, Tritte oder andere Misshandlungen und Erniedrigungen." Welche Konsequenzen muss man aus dieser Erkenntnis ziehen? „Schon in der ersten Phase der Einschüchterung müssen Sie reagieren, denn sonst kann es leicht passieren, dass Sie Ihrem Gegner seine Propaganda abkaufen, Ihre Beine zu zittern beginnen, vor Angst gelähmt, den Gehorsam verweigern." Interessant ist, dass Kernspecht hier, ohne dies allerdings so zu benennen, eine spieltheoretische Betrachtungsweise benutzte. Jedem Zug (jeder Handlung oder fehlenden Handlung) der einen Person folgt ein Zug der anderen Person, und wer in diesem Machtspiel nicht sachgerecht handelt, verliert.

Sehr ausführlich beschäftigt sich Kernspecht mit dem Ritualkampf, den er „eine Tragödie in vier Phasen nennt, weil man diese Tragödie durch sachgemäßes Handeln vermeiden kann: Vermeidung von zu langem Augenkontakt und bei verbalem Angriff „Suchst du Streit?", sofort für Entspannung sorgen, etwa: „Sorry. Ich habe Sie mit jemandem verwechselt. Nichts für ungut." Auch Thompson betont in seinem Buch *Die Tür – Erfahrungen eines Rausschmeißers* die Bedeutung der Psychologie: „Die Psychologie spielt im Straßenkampf eine sehr wichtige Rolle. Die Gegner müssen möglichst glauben, dass man keine Angst hat, keine Schmerzen spürt und unbesiegbar ist." „Es ist die Kunst, jemand, der mit mir kämpfen will, derart einzuschüchtern, dass er nicht mehr kämpfen will."

Manche seiner Ausführungen betonen das, was ich *Mentales Judo* genannt habe: „Um einen starken Geist aufzubauen, muss man imstande sein, siebenmal zu Boden zu gehen und achtmal aufzustehen." (Thompson 1999 S. 91). Thompsons Beobachtungen stützen auch die wissenschaftlichen Erkenntnisse zu den Themen Kulturen der Ehre und das Gesetz der Straße: „An der Tür und besonders im Stadtzentrum von Conventry hängt dein Leben vom Respekt ab, den andere von dir haben. Die gute Mehrheit respektiert dich, weil du ein Gentleman bist, die böse Minderheit nur, wenn du gut kämpfen kannst. ...Alle, ob gut oder böse, verlieren bewusst oder unbewusst etwas Respekt vor einem, wenn man die andere Backe hinhält". In seinem Buch sind viele Hinweise auf eine wichtige Sache im Straßenkampf zu finden, die man kaum in einem Lehrbuch findet, die aber überlebenswichtig ist, die „kleinen schmutzigen Tricks".

Auch Kernspecht schildert derartige Tricks: Gestik und Sprache werden zur Täuschung, Tarnung und Ablenkung eingesetzt. Man täuscht nötigenfalls Ahnungslosigkeit oder fehlende Verteidigungsbereitschaft vor, und handelt im richtigen Augenblick mit höchster Entschlossenheit usw. Gerade dieser Gesichtspunkt der Täuschung bzw. die Vermeidung getäuscht zu werden, besitzt nicht nur praktische Bedeutung. Es ist auch aus theoretischen Gründen wichtig, weil alle diese Gesichtspunkte gut in eine zwischenmenschliche Spieltheorie eingebettet werden können.

Eine kritische Anmerkung muss zu allen drei Büchern gemacht werden: Häufig wird das Wort „Angst" benutzt, wenn eigentlich das allgemeine unspezifische Aktivierungsniveau, die Adrenalinausschüttung und ihre Folgen, gemeint ist. „Angst" dagegen liegt vor, wenn ein höheres Aktivierungsniveau mit Gedanken der Furcht, mit Vermeidungsverhalten usw. vorliegt. Wenn man aber z.B. bei Thompson liest, dass er sogar harte körperliche Gewalt keineswegs meidet, also bei ihm weder furchtsame Gedanken noch ein Vermeidungsverhalten vorliegen, ist die Benutzung des Wortes „Angst" irreführend. Ich habe bisher vor allem die gemeinsame psychologische Seite dieser drei Bücher beschrieben. Der Vollständigkeit halber muss natürlich darauf hingewiesen werden, dass Kernspecht sehr stark auf die chinesische Kampfsportart WingTsun hin orientiert ist und in seinen Büchern Büchern *Vom Zweikampf* und *Blitzdefence* realitätsorientierte Verteidigungstechniken darstellt. Aber angesicht der Jahrzehnte (bzw. Jahrhunderte) alten Streitigkeiten darüber, welche Kampfsportart, Karaterichtung usw. die beste sei, möchte ich an dieser Stelle dazu keine technische Bewertung vornehmen. Offensichtlich gehört aber *Blitz*defence zu der Kategorie des *Reality Fighting*, wie das große amerikanische Black Belt Magazine in seinem Buyer´s Guide, Yearbook 2000, die vielen modernen Selbstverteidigungssysteme in Abgrenzung von den traditionellen Kampfsportarten wie Judo, Karate, Aikido usw. bezeichnete.

Allerdings darf man den Wert dieser traditionellen Techniken auch nicht unterschätzen. Beispielsweise zeigt einer der Kampfberichte Thompsons, dass man keineswegs immer komplizierte Selbstverteidigungstechniken braucht (obwohl diese durchaus wichtig sind), sondern, dass auch Judo in einer gefährlichen Situation hilfreich sein kann: „Dave, ein kurzer untersetzter Judoka ..., beförderte ihn mit einem Ogoshi-Hüftwurf zu Boden." Und Kernspecht betont – wenn auch differenziert dargestellt – in seinem Buch *Vom Zweikampf* (2000, S.102) den Wert des Bodenkampfes! Für körperlich scheinbar Unterlegen ist es sehr ermutigend, dass Thompson darauf hinweist, dass körperliche Unterlegenheit durch Herz und Herz wettgemacht werden können.

Der zitierte Dave ist nur ein Beispiel dafür.

Noch eine abschließende Bemerkung: Erfreulich ist, dass Kernspecht die in fernöstlichen Kampfsportarten relativ häufig zu findende Wundergläubigkeit kritisiert.

Fazit: Für jeden, der sich mit den Themen Gewalt, Gewaltvermeidung, Selbstverteidigung und der Psychologie gewaltbereiter Personen beschäftigt, sei es aus theoretischen oder praktischen Gründen, liefern diese drei Bücher wichtige Informationen.

Uwe Füllgrabe
Diplom-Psychologe in „Magazin für die Polizei" 305/2001
Veröffentlichungen (u.a.): „Psychologie der Eigensicherung – Überleben ist kein Zufall", Richard Boorberg-Verlag. Stuttgart, 2002
„Kriminalpsychologie – Täter und Opfer im Spiel des Lebens", Edition Wötzel, Frankfurt

Stellungnahme eines der erfahrensten deutschen Elite-Polizeibeamten zu
„Blitzdefence – Angriff ist die beste Verteidigung"

Hallo Herr Kernspecht!

Zum zweiten Male habe ich mir Ihr Buch zur Hand genommen und durchgelesen bzw. durchgearbeitet (mit entsprechenden Anmerkungen). Erneut muss ich Ihnen Respekt zollen für Ihre klaren praxisbezogenen Darstellungen. Sie erinnern mich verdammt an meine Zeit als Soko-Leiter für die Bekämpfung der Straßenkriminalität „downtown" Frankfurt/M. und SEK-Verantwortlicher für die Aus- und Fortbildung. Von 1972 bis 1985 konnten wir mit ausreichender Personalstärke und guter Ausrüstung der Kriminalität im Innenstadtbereich Paroli bieten. Die „Regeln" der Unterwelt hatten wir sehr schnell verinnerlicht und konnten so den damals noch überwiegend deutschen Zuhältern und anderen „Größen" ihre Grenzen auf unsere Art aufzeigen. Für uns gab es z.B. keine rechtsfreien Räume („no-go-areas"), wohin sich keine Polizeistreife traut.

Im Detail war die Vorgehensweise der Schläger und anderem brutalen Gesocks genau so, wie Sie es ausführlich schildern. Auch ich habe erlebt, wie ganze Rudermannschaften im Bahnhofsviertel untergingen – und wie! Auch Ringer hatten auf Grund ihrer sportlichen Einstellung wenig Chancen. Der nicht trainierte, fette brutale Schläger gewann immer gegen Unbedarfte, auch wenn sie noch so austrainert waren. Immer lag ihrem einzigen Schlag, Trick etc. eine Ablenkung oder „Einlullung" zu Grunde. Ziel war stets die Distanzverringerung, um dann das Gegenüber skrupellos und unmenschlich niederzumachen! Besonders beliebt war es, schwere Kristallaschenbecher durch das Gesicht zu ziehen, um dann mit gezielten, brutalen Fußtritten gegen das am Boden liegende Opfer zu „gewinnen". Die schwerverletzten und gebrochenen Menschen konnten wir jede Nacht in den Notaufnahmen besichtigen. Zugegeben, das war ein zusätzlicher Kick für unsere Motivation. Schon damals hielten wir uns nicht nur im Dojo auf, sondern praktizierten ohne Matten auf einem abgelegenen Sportplatz, incl. die damals noch stark in Mode gewesene Fallschule – aber bereits im Einsatzanzug! Ein von mir als besonders wichtig erachtetes Trainingsziel war die Förderung der „Nehmerqualitäten" eines jeden. Nur das brachte die nötige physische und psychische Stärke, sowohl für den Einzelnen als auch für das Auftreten als Team. (Grundsatz u.a. im Training: Verlieren lernen z. B. Bodenkampf gegen eine hoffnungslose Übermacht oder Boxen einer gegen zwei. Ergebnis: Adrenalin fließt von selbst, der rote Saft manchmal!)
Unsere wirklich „ernsten Zusammenstöße" mit dem Bahnhofsmilieu waren selten, die Gegenseite wusste, mit wem sie ihre Spielchen machen konnte

oder wo sie es lieber bleiben ließ. Oft haben „Vier-Augen-Gespräche" mit leiser Stimme und triefendem Zynismus („Black Humor") genügt, um Machtverhältnisse zumindest temporär zu klären.

Auch Ihre rechtlichen Betrachtungen kann ich nur voll unterstreichen mit dem Erfahrungswert unzähliger Gerichtsverhandlungen. Die Schwachsinns-TV-Serien und -Actionfilme tun ihr Übriges, um entschlossenes, rechtlich einwandfreies Vorgehen gegen Unrecht zu erschweren. Schließlich ist das Notwehrrecht ein Naturrecht. Im Gegensatz zu vielfach geäußerten „Stammtischmeinungen" bin ich der Auffassung, dass man bei guter Kenntnis der Grundzüge der Notwehrrechtsprechung durchaus nicht automatisch vor Gericht verlieren muss. Natürlich können regionale Unterschiede und andere Faktoren im Einzelfall schon zu einem „merkwürdigen" Urteil führen – in beide Richtungen.

Zugegebener Maßen haben sich die Zeiten gravierend geändert, und die Stellung der Polizei gegen entschlossene Straftäter aller Couleur hat sich deutlich verschlechtert. Vor allem das Einschreiten vor Ort ist unbestritten schwieriger geworden; nicht zuletzt wegen einer überzogenen Erwartungshaltung der Öffentlichkeit und des eigenen Apparates.

Auch spielt das Messer als Angriffswerkzeug seit einigen Jahren eine wesentlich bedeutendere Rolle – einhergehend mit der völligen Unterschätzung der körperlichen und kriminellen Energie eines beachtlichen Teils der „jungen Leute"!

Zum Schluss habe ich noch einen Verbesserungsvorschlag. In meinen Veröffentlichungen vermeide ich das Wort „Rollenspiel" – warum? Es verniedlicht unser Anliegen! Wir machen keine „Spielchen", schließlich geht es um schwere Verletzungen oder Tod. Deshalb empfehle ich Bezeichnungen wie „Simulationstraining" oder „Entscheidungstraining". Letztere Bezeichnung bevorzuge ich, weil wir uns in der konkreten Situation *permanent* für etwas entscheiden müssen, auch in einer Phase, in der wir zunächst nicht sofort handeln!

Ihr Buch hat mich (Baujahr 1943) in vielen Dingen an alte Zeiten erinnert. Es ist der Beweis, dass fortschrittliche Entwicklungen oft parallel gedacht und umgesetzt werden. Schön, wenn man sich in vielen Dingen bestätigt sieht, wenn auch nachträglich!

Mit freundlichen Grüßen und einem wiederholten Kompliment für Ihr Buch verbleibe ich

Bernd „Poko"jewski

P.S.: Watch your 6!

Buch und CD-Rom mit Lehrvideos und Hörstücken

Wu Shu-Verlag, 140 Seiten
Bestellungen unter: Tel. 04371-4581

Nur 19,95 €

Mit Kapiteln über:

- Die Programme 1 bis 3 im Buch und als Video

- „Mentale Selbstverteidigung"

- Die Kraft der Intuition

- Rhetorik mit WT-Prinzipien

- Tipps zur Körpersprache

- u.v.m.

www.verteidigedich3.com

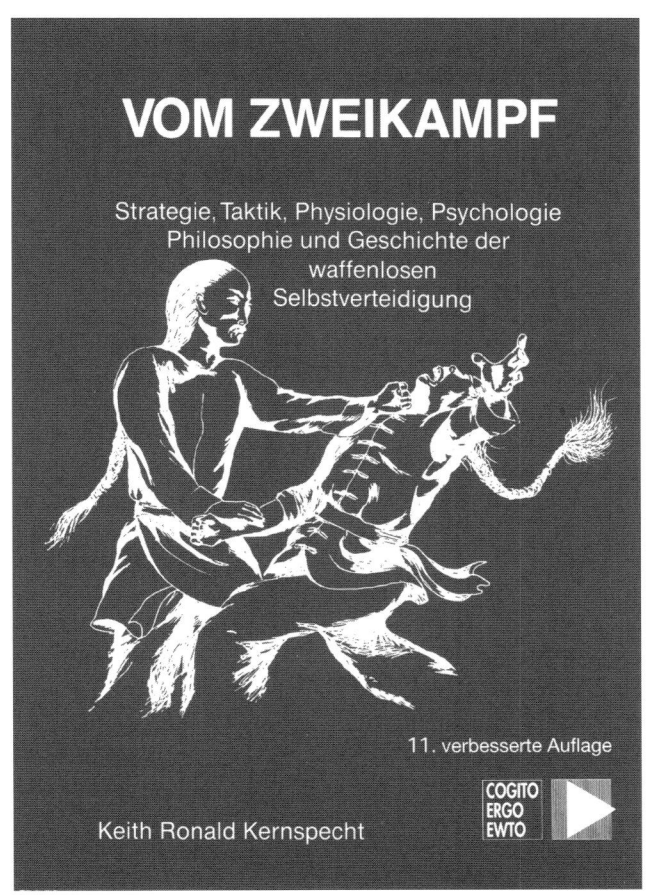

GEOFF THOMPSON:

Das beste Buch seiner Art auf dem heutigen Markt! Es hat mir die Augen geöffnet!
Es deckt so viele Aspekte ab, dass man es nicht nur einem Stil zuordnen kann;
es befasst sich mit allen Stilen, aber,
als scheinbares Paradox, mit keinem Stil.
Es ist allumfassend und meiner Meinung nach eines der ausführlichsten Bücher zum Thema Kampf, die es heute gibt.
Sehr empfehlenswert!

Es ist für mich eine besondere Freude, eine Empfehlung zu dem Buch *On Single Combat* schreiben zu dürfen, nicht zuletzt, weil der Verfasser ein Mann ist, den ich sehr bewundere.

Aber ein netter Mensch und ein großer Kampfkünstler zu sein, und Keith ist ganz gewiss beides, reicht allein nicht aus, um mich dazu zu bewegen, ein Buch über meine Lebensaufgabe – die Kampfkunst – zu befürworten. Dafür muss das Buch mich wirklich beeindrucken. Dieses tat viel mehr, es öffnete mir die Augen!

Auf den ersten Blick könnte man *Vom Zweikampf* irrtümlicherweise als ein Buch über Wing Chun oder WingTsun (WT) – so schreibt sich das System von Großmeister Leung Ting – sehen. Schließlich ist der Verfasser ein weltweit anerkannter Meister dieser Kunst, aber der Inhalt deckt so viele Aspekte ab, dass man dieses Buch nicht nur einem Stil zuordnen kann; es befasst sich mit allen Stilen, aber, als scheinbares Paradox, mit keinem Stil. Es ist allumfassend und meiner Meinung nach eines der ausführlichsten Bücher zum Thema Kampf, die es heute gibt.

Ich lernte Keith 1997 in London kennen, wo wir einen Tag damit verbrachten, uns über die Kampfkünste zu unterhalten und Ideen auszutauschen. Nach nur wenigen Minuten war es offensichtlich, dass unsere Wege und Erfahrungen mit der Kampfkunst sehr, sehr ähnlich waren. Ich empfand sofortige Sympathie und tiefen Respekt für ihn. Das hört sich vielleicht von einem ehemaligen Nachtklubtürsteher seltsam an, dessen Grundsystem Shotokan-Karate ist. Auf den ersten Blick könnte man meinen, dass Keith und ich um Welten auseinander liegen, doch sprechen wir dieselbe Sprache, unsere Gedanken und Meinungen laufen parallel, und unsere Überzeugungen sind untrennbar ähnlich. Wie kann das sein? Vielleicht weil wir beide auf der Suche nach dem persönlich besten Weg den bitteren Geschmack der Frustration kosten, nein, in vollen Zügen trinken mussten und unterwegs die schmerzhaften Schläge des Boxers, die zerreißenden Hebel des Ringers und die Hammerschläge des Trittspezialisten zu spüren bekamen. Auch den Straßenkämpfer haben wir kleingekriegt, und wir kennen beide die geistigen Qualen, die der Kampf mit dem größten Gegner von allen – uns selbst – mit sich bringt.

Aufgrund dieses schweren Werdegangs kennen wir uns selbst und können, wie General Sun Tzu vor etwa 2500 Jahren sagte, in einhundert Schlachten ohne Angst vor der Niederlage gehen.

Eine weitere wichtige Erkenntnis, die wir auf unserer blutigen und schwierigen Reise gewannen, war die der absoluten Sinnlosigkeit von Gewalt und die der Tatsache, dass körperliche Gegenwehr nur dann gerechtfertigt ist, wenn keine anderen Mittel vorhanden sind. Ein ausgebildeter Kampfkünstler zu sein heißt, eine sehr große Verantwortung zu tragen. Hat man gewisse Fähigkeiten erreicht, macht man sich keine Sorgen mehr über das eigene Verletzungsrisiko bei einer Auseinandersetzung, sondern quält sich mit dem Gedanken, einen Gegner schwer zu verletzen oder gar zu töten, der eigentlich nur einen Wink in die richtige Richtung anstelle einer Faust aufs Auge bräuchte. Auf Meisterniveau entwickelt sich die Kunst also zur Selbstkontrolle, nicht zur Selbstverteidigung. Man steht über dem Bedürfnis, andere zu kontrollieren und konzentriert sich auf die höhere und wertvollere Aufgabe, sich selbst zu kontrollieren. Das Training findet auf einer inneren, undefinierbaren Ebene statt, wo man mit den Dämonen im eigenen Geist und den dunklen Kräften der Welt kämpft. Hat man dieses Stadium erreicht – ein lobenswertes Ziel und keinesfalls für den Schwachmütigen – dann entsteht eine Aura, die den Meister von anderen Menschen unterscheidet. Als ich Keith zuerst kennenlernte, empfing er mich nicht mit dem eisernen Handschlag eines Mannes, dessen Bewusstsein immer noch auf der körperlichen Ebene arbeitet und auch von der unnahbaren Haltung des Unsicheren war nichts zu spüren. Ich machte vielmehr mit einem sanften, selbstbewussten Mann mit einem freundlichen Lächeln, einer offenen Einstellung und der Aura eines Kämpfers Bekanntschaft.

Napoleon sagte einmal, dass die Ansicht des Schlachtfelds nach einer Schlacht ausreicht, um Prinzen mit Liebe für den Frieden und Abscheu gegen den Krieg zu inspirieren. Keith und ich haben dieses Schlachtfeld gesehen und diese Inspiration gefühlt. Es gibt mehrere Wege zum Gipfel eines Bergs, aber vom Gipfel ist die Aussicht die gleiche. Darin ist die geistige Verwandtschaft zwischen Keith und mir begründet, und deswegen schrieb ich als eingefleischter Shotokan-Kämpfer das Vorwort zu einem Buch eines geschätzten WingTsun (WT)-Kämpfers.

Nach meiner Überzeugung sind Liebe und Wissen die zwei wichtigsten Dinge im Leben. Dieser Verfasser und sein Buch haben beides im Überfluss und werden von mir für jeden wärmstens empfohlen, der Selbstschutz bzw. Selbstverwirklichung auf der körperlichen oder geistigen Ebene sucht.

Dieses Buch enthält soviel gesunden Menschenverstand, dass jeder es lesen und sich für die Realität vorbereiten sollte. Ob Anfänger oder Experte, Mann oder Frau, Lehnsmann oder Fürst – dieses Buch enthält etwas für jeden, unabhängig von Stil, Hautfarbe, Glaubensrichtung oder Lebenseinstellung. Es könnte irgendwann Leben retten. Sehr empfehlenswert, das beste Buch seiner Art auf dem heutigen Markt!

Geoff Thompson

Karate-Journal, Deutschland, über *„Vom Zweikampf"*

Seit über 25 Jahren betätige ich mich im Kampfsport und bin von sog. Selbstverteidigungslehrbüchern immer wieder enttäuscht worden. Nachdem ich zweimal die Buchanzeige des Wu Shu-Verlages gesehen hatte, mit einer enormen Themen- und Stofffülle, entschloss ich mich trotz meiner Skepsis zur Bestellung dieses Buches zum Preise von 42.80 Mark. Gestern kam es an, schwarz und kompakt, 360 Seiten so fesselnd und informativ geschrieben, dass ich es in einem Stück durchgelesen und jetzt schon zum zweiten Mal angefangen habe.

Der Autor hätte für dieses Buch eine Gebrauchsanweisung mitliefern sollen. Da sie fehlt, will ich das hier nachholen. *„Vom Zweikampf"* will unbedingt von vorne gelesen werden, denn es ist aufgebaut wie ein Entwicklungsroman, wie eine Forschungsreise auf dem Gebiet des Zweikampfes. Kursorisch oder gar von hinten nach vorne lesen (wie ich es sonst gerne praktiziere) wäre hier ebenso fehl am Platz wie bei einem Detektivroman oder bei einem Witz. Apropos Witz, die Schreibe des Herrn Kernspecht ist auf sympathische Weise witzig und dennoch informativ, ohne belehrend und beswisserisch zu wirken. Hart in der Sache, kommt neben den 40 Jahren Erfahrung, dem Wissen und Können des Autors stets eine tolerante Grundeinstellung auch anderen Stilen gegenüber rüber, die immer wieder versöhnt und Balsam auf die Wunden schmiert, nachdem der Autor uns zum x-ten Mal von einer altvertrauten, aber wissenschaftlich nicht haltbaren Illusion geheilt hat. Der Universitätslehrer Keith R. Kernspecht, der schon Ende der 50er Jahre mit Kampf- und Kraftsport begann und einer der ersten Deutschen war, die mit Begeisterung Karate übten *(seine Lehrer* waren u.a. W. Popp und T. Suzuki), trainierte u.a. Freistilringen (Catchen), Ju-Jitsu, Judo, Kempo, Shaolin-Stile, Kobudo, Taekwon-Do, Aikido, Escrima, Wing Chun und WingTsun (WT). Santhas Supastrapong machte ihn mit dem thailändischen Boxen und dem Ling Lam bekannt, und Bruce Lees kampfstärkster Assistent und erster Schüler trainierte mit ihm in USA und Europa Bruce Lees nicht-klassische Kampfmethode, aus der er später JKD entwickelte. Neben Dan-Graden in Budo-Stilen hat Kernspecht den 4. Grad im philippinischen Escrima und den 10. Großmeistergrad im wohl realistischsten chinesischen Nahkampf-System WingTsun (WT), aus dem Bruce Lee ja bekanntlich sein Jeet Kune Do zusammenstellte.

Kernspecht kennt also nicht nur „seinen" Stil, sondern er und seine Assistenten trainieren regelmäßig „stilfrei" und kollegial mit hohen Experten anderer Kampfkünste. Natürlich sieht der Autor die Dinge aus seiner Sicht und vertritt seinen oft konträren Standpunkt mit aller Überzeugung. Aber dennoch bewundert er die Schönheit einer kraftvollen Shotokan-Kata und die Artistik eines Taekwon-Do Sprungtrittes. Und die Eleganz eines Aikido-Wurfes begeistert ihn ebenso wie ein harter Thaibox-Kampf.

Mit all diesen Dingen hat aber das Werk „Vom Zweikampf" nichts am Hut. Hier geht es nur um das rauhe Geschäft einer (wenn überhaupt möglich) wertfreien, sehr, sehr praktischen und realen Selbstverteidigung ohne Zeremonie und ohne Schnörkel. Und davon versteht Kernspecht, der einige 100.000 Schüler weltweit unterrichtet hat, unter ihnen Kampfsport-Europa- und Weltmeister sowie Selbstverteidigungs-Instruktoren internationaler Spezialeinheiten (SEK, GSG 9, MEK, FBI, RAID, NOCS usw.), eine ganze Menge.

Zurück zum Buch. Schon das erste Kapitel ist provozierend und will mehrfach gelesen werden. Es heißt: *Reine Glückssache – Weshalb herkömmliche Selbstverteidigungsstile nicht systematisch funktionieren können.* Es geht um die informationstheoretischen Probleme einer Selbstverteidigung, um die Identifikation eines Angriffes und um die Auswahl einer dazu passenden Abwehr. Es geht um Entscheidungsschritte oder „bit". Jeder Entscheidungsschritt kostet wertvolle Zeit. Hier postuliert Kernspecht: *„Die beste Selbstverteidigung ist die, die dem Anwender aufgrund ihrer intelligenten Struktur erlaubt, möglichst wenige oder gar keine Entscheidungen zu treffen!"*

Die Abwehr-Zeit errechnet sich als Reaktions-Zeit, die – je nach Methode – im Wesentlichen durch die „intelligente" oder umständliche Struktur der Methode festgelegt ist, plus Block-Zeit. Paradoxerweise beweist der Verfasser aber, dass ein ansatzloser Fauststoß aus der Nahdistanz (also ohne dass man einen Schritt zum Gegner machen muss) schneller ist als diese gesamte Abwehr-Zeit. Wodurch eine wirksame Selbstverteidigung a priori ein Ding der Unmöglichkeit ist. Der Anwender einer herkömmlichen Block & Konter-Methode ist dadurch schon rein rechnerisch von vornherein buchstäblich „im Hintertreffen." Bestätigt wird dies durch die oft unreflektierte Erfahrung in Vollkontakt-Wettkämpfen oder realen Kämpfen, bei denen man kaum einen erfolgreichen Block zu sehen bekommt. Die traditionellen Stile stehen und fallen aber zumindest von der Ideologie her durch das Festhalten an der Block- und Kontermethode, die der Verfasser als „ungeeignete Mittel" bezeichnet. Unterstützt wird diese Meinung durch Aussagen berühmter Karateka wie Steve Arneil, 6. Dan Oyama Karate, A. Pflüger, 6. Dan Shotokan Karate und z.T. auch durch Teruo Kono, 8. Dan Wado Karate.

So heißt es bei Funakoshi: *Karate ni sente nashi*, d.h. im Karate greift man nicht an, macht nicht die erste Bewegung. Shoshin Nagamine, 9. Dan Shorin-ryu Karate: „*Karate ist die einzige Kampfkunst, die nicht ‚sente' praktiziert, das heißt nicht angreift, bevor der Gegner angreift. Oft relativieren manche Lehrer diese Forderung, indem sie zwar angreifen, diesen Angriff aber einen Gegenangriff nennen. Aber eigentlich ist das unentschuldbar.*" Nicht den ersten Schlag zu landen, ist aber nach den Ausführungen des Autors zwar ein schönes Ideal, aber erwiesenermaßen riskant, wenn man sich <u>systematisch</u> mit Erfolg verteidigen will. Und um *systematische* Verteidigung geht es Keith R. Kernspecht bei seiner Forschung. Seine Kernfrage ist „*Wie muss das ideale Selbstverteidigungssystem beschaffen sein?*" Er geht also nicht von existierenden Stilen aus, sondern geht so zu Werke wie ein Autokonstrukteur, der sich bestimmte Mindestforderungen ins Lastenheft schreibt und dann nach Detaillösungen sucht. Kernspechts Lastenheft weist u.a. diese 10 Forderungen auf:

1. *Das ideale System muss so strukturiert sein, dass es auf alle Angriffe in gleicher oder sehr ähnlicher Weise reagieren kann. Seine erste Bewegung muss so beschaffen sein, dass sie gegen alle möglichen Erstangriffe ausreichenden Schutz bietet.*
2. *Das ideale System darf im Nahkampf bei der Wahl seiner ersten (Abwehr-) Bewegung wg. informationstheoretischer Probleme nicht unterscheiden müssen zwischen den verschiedenen Merkmalen wie z.B. Höhe, Seite, gerade, kurvig, zentrale oder nicht-zentrale Ziele.*
3. *Das ideale System darf sich auch nicht hauptsächlich auf die Augen verlassen, um die Art des Angriffes zu erkennen. Sonst wäre es anfällig für Finten und Täuschungen und würde im Dunkeln und in der Hektik des Ernstfalles versagen.*
4. *Das ideale System muss so beschaffen sein, dass der Angriff auf mechanischem Weg selbst die Abwehr verursacht und möglichst auch den Gegenangriff ‚powert'.*
5. *Das ideale System darf den Angriff nicht abwarten, sondern es muss dem Angreifer entgegengehen. Während er vorgeht, muss der Anwender des idealen Systems ständig geschützt sein, z.B. vor einem Tritt oder Fauststoß.*
6. *Aber alle Maßnahmen des idealen Systems müssen auch gegen fortgesetzte Angriffe Schutz bieten.*
7. *Beim idealen System sollte nahezu mit der Abwehr der kampfunfähig machende Gegenstoß erfolgen.*
8. *Das ideale System muss schon auf feindseliges Überschreiten der Sicherheitsdistanz bzw. auf angriffsvorbereitende Maßnahmen wie Gewichtsverlagerungen usw. reagieren. Es muss gleichermaßen zum Angriff wie zur Abwehr tauglich sein.*
9. *Es muss sich um ein redundantes System handeln, das mehrere Sicherheitsmaßnahmen gleichzeitig oder nacheinander einsetzt.*
10. *Das ideale System muss in kurzer Zeit erlernbar, ausbaufähig (mit und ohne Schlag- und Stoßwaffen) sein und Erfordernissen wie Verhältnismäßigkeit der Mittel, wenn möglich Schonung des Gegners und Einsatz bei den Polizeien usw. entgegenkommen.*

Im Kapitel „*Pazifisten, Revanchisten, Aggressoren und Vorwärtsverteidiger*" untersucht Kernspecht den Wert der vier Typen der Verteidigung:
1. die reine Abwehr
2. die Abwehr mit Konter
3. den Angriff
4. die aggressive Verteidigung.

Allein der <u>aggressiven</u> Verteidigung gibt der Autor eine systematische Chance im Ernstfall. Dies belegt er unter anderem mit Beispielen historischer Schlachten und Kriege, indem er Strategen wie Clausewitz, Mao Tse Tung, Schwendi, Schlieffen, Sun Tsu, Friedrich den Großen, Moltke, Napoleon und Dschingis Khan ebenso zu Worte kommen lässt wie

149

Sepp Herberger, Machiavelli, Jack Dempsey, Taisen Deshimaru Roshi, Leung Ting und einen Ex-Trainer von Boris Becker.

Für Staatsanwälte, Verteidiger und Richter, die mit Notwehrrecht zu tun haben, sollte dieses Buch Pflichtlektüre sein, vermittelt es doch eine bisher nicht dagewesene realistische Einschätzung dessen, was wirklich erforderlich ist, um einen gegenwärtigen, rechtswidrigen Angriff abzuwenden. Unrealistische fernöstliche Kung Fu- und Karate-Filme haben der Öffentlichkeit und damit auch den (oft weltfremden) Juristen vorgegaukelt, wie leicht es etwa für einen Budoka sei, sich gegen einen unbewaffneten Angriff zur Wehr zu setzen. So ist es gängige Gerichtspraxis geworden, dem sich in Ausübung der Notwehr verteidigenden Bürger nicht einmal die Mittel zur Selbstverteidigung zuzugestehen, die mindestens erforderlich sind. Mit anderen Worten: Der Gesetzgeber lässt eine Tat in Notwehr zu, aber die meisten Gerichte erlauben dem Bürger nicht die dazu erforderlichen Maßnahmen.

Schon um hier das Bewusstsein im Interesse aller kampfsporttreibenden gesetzestreuen Bürger zu ver ändern, ist dem vorliegenden Werk, das in der 11. Auflage erscheint, eine weite Verbreitung zu wünschen.

Bei der Fülle des Stoffes ist es unmöglich, mehr als nur einen Bruch teil der Themen in diesem Rahmen anzusprechen. Besonders brillant ist auch das ausführliche Kapitel über den Kampfgeist.

Ich bin mir sicher, dass *"Vom Zweikampf"* in der Kampfkunstwelt schon große Veränderungen hervorgerufen hat bzw. noch weiter hervorrufen wird. Denn aus diesem Buch zieht jeder theoretischen und praktischen Nutzen – ob Boxer, Ringer, Judo-, Ju-Jutsu-, Karate-, Taekwon-Do-, Vollkontakt- oder Kung Fu-Kämpfer bzw. -Kämpferin.

Bei aller sachlichen Schärfe zeigt sich Kernspecht den verschiedenen Stilen gegenüber auf angenehme Weise tolerant und bescheiden, z.B. wenn er dem Leser sagt: *"Sollte mein lückenhafter Beitrag aber auch nur in einem einzigen Punkt Anstoß zu einer fruchtbaren Diskussion in Ihrem Kampfkunstkreis sein, so wäre mein Ziel erreicht, denn ich bin idealistisch genug zu wünschen, dass jeder Stil sich optimal entwickeln soll. Unser Motto sei: Das Bessere sei des Guten Feind!"*

Kernspecht schließt mit einem Wort an die Leser, die andere Stile praktizieren: *"Man wird nicht als Karate- oder WT-Mann (bzw. -Frau) geboren. Nach längerem Training verwechselt man sich mit seinem Stil. Man hat vergessen, wie sehr Zufall, Laune, Willkür damals entscheidend war, als man zu <seinem> Stil fand und wie viele andere Stile man/frau statt dessen hätte erlernen können."*

Kernspechts Buch handelt von praktischer Selbstverteidigung, und es wird manchen Leser von wirklichkeitsfremden Illusionen heilen, Ordnung in seine Vorstellung von Selbstverteidigung bringen und ihm helfen, den wahren Stellenwert von Kata (Form), Meditation, Gymnastik, Krafttraining, Grundschule, Partnerübungen, Kampftraining usw. zu durchschauen.

"Vom Zweikampf" von Keith R. Kernspecht
A 5, 360 S., über 350 Abb. € 23.40
Versandkosten in Deutschland inklusive!

**K. Witt, Bahnhofstr. 10 (hinten),
23769 Burg/Fehmarn
Tel. (0 43 71) 45 81, Fax 18 03**

WARNUNG

Dieses Buch ist nach der Meinung des Autors und des Verlages aufgrund des Themas (Gewalt) und des Milieus, in dem es spielt (Hafenkneipen, Bordell usw.), aber auch aufgrund der Wortwahl, die dem O-Ton entspricht, nicht für Kinder oder Jugendliche geeignet. Dass Minderjährige im Fernsehen, in Illustrierten, im Internet täglich mit „Schlimmerem" konfrontiert werden, ändert nichts an dieser Auffassung.

Aus dem Inhalt:

Wind of Change

Ich ertappte mich dabei, dass ich schon wieder vor der Tür des „Rio" stand. Früher war es nur wegen der frischen Luft oder weil ich mich mit einem Kellner vom benachbarten Lokal zu einem Plausch unter Kollegen traf. Jetzt war es aber eine Flucht. Ich konnte mich kaum noch auf meine Arbeit konzentrieren und hatte kein Interesse mehr an den monotonen Gesprächen der Gäste.
Mein langjähriger Freund Viktor hatte sich in einer anderen Stadt sesshaft gemacht, wo er eine solide Gaststätte übernahm.
Ich hatte die Nase voll vom Kiez. Die überwiegend guten Zeiten waren längst passé. Die „Fischdampferlöwen", mit denen wir immer viel Spaß hatten, kamen nicht mehr, weil die Flotte nach Cuxhaven verlegt wurde.
Immer öfter stellte ich mir die Frage: Was machst du eigentlich noch hier auf dem Kiez?
Mein Freund „Schneeball" war im „Marquis" von einem schwarzafrikanischen Landsmann auf brutalste Weise erstochen worden.
Murat, auch ein Freund von mir, hatte in seinem Lokal während einer wilden Schießerei einen Lungensteckschuss verpasst bekommen.
Einige Irre auf dem Kiez liefen mit feststehenden Rasiermessern durch die Gegend, die sie in einer extra angefertigten, ledernen Innentasche ihres Jacketts trugen.
Erst vor einigen Tagen war ein vollgepengter Psychopath aus dem Ostblock mit einem riesigen Brotmesser hinter einem Kellner hergejagt, um diesen abzuschlachten. Der Kollege konnte sich nur noch in letzter Sekunde in der Küche des „Rio" unter den Tisch retten.
Es war nicht mehr die alte „Küste", an der ich sechzehn Jahre lang gearbeitet hatte. Jetzt wehte ein anderer Wind: Die Gewaltbereitschaft hatte erschreckend zugenommen.
Die frische Luft machte meinen Kopf klar:
Ich fragte mich wie vor Tausenden von Jahren Arjuna, der aus seinem Schlachtwagen auf die lange Reihe seiner Feinde blickte: Was mach ich eigentlich hier? Was soll das Ganze? Aber kein Krishna war an meiner Seite, kein Gott, der mir die bange Frage beantworten konnte. Ich stand allein vor dem „Rio". Welcher Wind hat mich an die Kieler Küste getrieben? Wie hatte alles angefangen?

Die Erinnerungen von „Big" Karl Koch an sein aufregendes Leben auf dem Kieler Kiez erscheinen im Wu Shu-Verlag.
Über 300 Seiten, € 19.80 Bestellungen unter Tel.: (04371) 45 81, Fax: (04371) 18 03

Krafttraining
für Kung Fu & Karate

In der 14. Auflage!

Der Verfasser hat die Krafttrainingsszene 20 Jahre als Aktiver und Beobachter studiert. Beiträge aus seiner Feder sind in deutschen und arnerikanischen Kraftsportmagazinen erschienen. Sein Interesse für Kampfkünste führte dazu, Kenntnisse über Kraft- und Techniktraining miteinander zu verbinden. Ein deutsches Buch dieser Art war lange überfällig.

Wozu Kraft?

Wir kennen die Philosophie: Mit einem überlegenen Kampfsystem kann ein stärkerer Gegner besiegt werden; Technik besiegt die rohe Kraft, der Geist überwindet den Körper.

Schon richtig. Aber wie stehen die Chancen, wenn der stärkere Gegner in gleichem Maße technisch versiert ist? Dann entpuppt sich die Schwäche als das, was sie von vornherein war: als ein Nachteil.

Im Boxen ist das ein alter Hut. Hier würde niemand auf die Idee kommen, einen dünnen Weltergewichtler (67 kg) gegen einen muskulösen Halbschwergewichtler (79,5 kg) antreten zu lassen, nur weil vielleicht beide gleich groß sind und über ein ähnliches Maß an Kampferfahrung verfügen. Die Vorteile des kräftigeren wären offensichtlich: seine starken Angriffe könnten die schwachen Abwehren des anderen zerschlagen, während jener mit schwachen Angriffen nur schwer die stärkeren Abwehren durchdringen würde.

Bei „Kampfsportlern" muss man oft deutlicher werden und z.B. einen 190 Pfund-Braungurt gegen eine 110 Pfund-Dan-Trägerin antreten lassen. Eigentlich müsste die „Meisterin" den Braungurt „wegputzen" können, aber in aller Regel gibt es keinen Kampf, sondern betretene Gesichter, aber dann fängt das große Argumentieren an: „Ja, aber ..." obgleich die gescheiten Theoretiker in Wirklichkeit längst am Boden lägen.

Wer also in körperlichen Auseinandersetzungen überlegen sein möchte, tut gut daran, sich nicht ausschließlich auf das Erlernen von Kampftechniken zu beschränken. Im Ernstfall wird er über jeden Vorteil froh sein, den er auf seiner Seite hat – und neben technischem Können ... ist ein Mehr an Kraft ein solcher Vorteil.

Somit stellt sich die Frage: Wie bekommt man mehr Kraft? Durch *gezieltes* Krafttraining!

Aus dem Inhalt:
- Was muss beachtet werden, damit Krafttraining nicht langsam macht?
- Wie ist zu verhindern, dass Krafttraining durch Störung der Feinmotorik zum Einschleifen falscher Techniken führt?
- Die besten Übungen – Gründe für die Auswahl – die Rolle der Koordinationsmuster
- Vor- und Nachteile von Trainingsmaschinen
- Grundkenntnisse des Krafttrainings – Belastungen, Wiederholungen. Sätze – die Rolle des „Cheatens" – progressives Training – mit kleineren Programmen grössere Fortschritte – Überkompensation und Trainingshäufigkeit
- Trainingszeiten und Energierhythmen – wie man sie beruflichen Sachzwängen anpasst
- Aufwärmen: Abkehr von der „alten Schule" – Physiologisches und Praktisches
- Bessere Muskelerholung durch gezielten Milchsäureabbau
- Vor- und Nachteile des Aufpumpeffekts
- Dehnungsübungen – die Rolle von Kontraktionsreflexen
- Zusammenstellen eines sinnvollen Programms unter Berücksichtigung der behandelten Gesichtspunkte
- Krafttraining oder Bodybuilding? Der Stellenwert der *Nautilus*-Maschinen, die Funktion von Muskelketten
- Besondere Maßnahmen: mangelnde Höhe des *Mae-Geri*, Dehnungsübungen oder Beinmuskeltisch? Alternativen zur Hantelkniebeuge bei Rückenbeschwerden – „knurpselnde" Delta muskeln – schmerzende Trizepssehnen – neue Erkenntnisse über die Behandlung von Blutergüssen und Schwellungen nach „Vollkontakt"
- Isometrisches Training an der „Chinesischen Holzpuppe"
- Ausführliche Informationen über Ernährung zur Leistungssteigerung – Grundwissen – Spezialkenntnisse – Nahrungskonzentrate: Propaganda und Wirklichkeit – Vor- und Nachteile von Vitaminüberdosierungen – individuelle Stoffwechsel
- Trainingsreizverstärker für Fortgeschrittene
- Anabolika – wie sie wirken – was man beachten muss – Einblicke ins pharmazeutische Leistungstraining
- Verletzungen und Verschleißerscheinungen durch Krafttraining
- Umfangreiches Vitamin-Kapitel

Das Standardwerk von Eberhard Schneider beantwortet Fragen, die andere noch gar nicht gestellt haben, und erklärt in leicht verständlicher Sprache, wie man in kürzester Zeit *funktionelle* Kraft für Kung Fu oder Karate aufbauen kann. Darüber hinaus ist es eine Fundgrube für Sportler jeglicher Couleur, weil es allgemeingültige Trainingsprinzipien analysiert und scharf von kommerzieller Propaganda trennt.

238 Seiten mit über 100 Fotos und Abbildungen € 15.20 Versandkosten in Deutschland (nur bei Vorkasse) inklusive!

Gesamtausgabe
Wing Tsun Kuen

Seit 1978 ist das Meisterwerk „*Wing Tsun Kuen*" von Großmeister Leung Ting – inzwischen in der 9. Auflage - nicht nur das bedeutendste Standardwerk über einen chinesischen Stil, sondern ein Bestseller unter den Kampfkunstbüchern der Welt.

1992 erschien nun im Wu Shu-Verlag eine stark veränderte Neuauflage. Das Siu Nim Tau-Kapitel ist durch wertvolle Anmerkungen und Erklärungen ergänzt worden. Im „*Wing Tsun Kuen*" ist der gesamte zweiarmige Chi-Sao-Teil gegen neue Fotos ausgetauscht werden. Es demonstrieren die uns schon vom Video „Authentic Wing Tsun" bekannten Akteure Cheng Chuen Fun, 9. Grad, und Leung Koon (Großmeister Leung Tings leiblicher Bruder), 7. Grad. Absolute Authentizität wird in Übersetzung und Aufmachung, die der original chinesischen gleicht, zugesichert. Die wichtigsten Bewegungen werden auch in chinesischer Schrift wiedergegeben.

Aus dem Inhalt:
- Kritik zur WingTsun-Geschichte
- Die WingTsun-Legende
- Von Yip Man zu Leung Ting
- Der internationale WT-Verband
- Das Graduierungssystem
- Wie WT nach Europa kam
- Die Verbreitung des WT
- Die Aktivitäten der IWTMAA
- Das klassische Unterrichtssystem
- Das verbesserte Unterrichtssystem
- Das int. Unterrichtsprogramm
- WT für Frauen
- Das Familiensystem im WT
- Wie wird man Kung Fu-Schüler?
- Über WT-Seminare
- Die komplette Siu-Nim-Tau Form mit Anwendungen
- Die komplette Cham-Kiu-Form
- Über die dritte Form
- Über die Holzpuppenform
- Über den WT-Langstock
- Über die WT-Doppelmesser
- Richtige Fußarbeit
- Zusätzliche Übungen
- Einarmiges Chi-Sao-Training
- Zweiarmiges Chi-Sao-Training
- Kraftquellen im WT
- Yau und Gong-Kräfte
- Innen und außen im WT
- WT-Terminologie

Gebundene Liebhaberausgabe mit Goldprägung, 400 Seiten, Format A4, über tausend Abbildungen.
€ 43.85
Versandkosten in Deutschland (nur bei Vorkasse) inklusive!

Ein Muss für den bibliophilen Kampfkunstfreund!

116 WingTsun Holzpuppen-Techniken

Noch vor wenigen Jahren besaßen nicht mehr als eine Handvoll Lieblingsschüler des verstorbenen Großmeisters Yip Man die Original-Fotos, die den Altmeister selbst bei den 116 Bewegungen der Holzpuppenform zeigen.

Der Wu Shu-Verlag durfte dieses Vermächtnis Yip Mans einer deutschsprachigen Leserschaft in einer gebundenen Liebhaberausgabe vorstellen.

116 WingTsun-Holzpuppentechniken ist das einzige Buch, das den kompletten Satz der echten 116 WT-Holzpuppentechniken und ihre Anwendungen zeigt.

Die Holzpuppenform macht den fortgeschrittenen WT-Kämpfer vom Partnertraining unabhängig und ist deshalb die Form des WT-Meisters.

Verfasser: Yip Chun
Technischer Berater: Leung Ting
Zusammenstellung: K. Kernspecht

Aus dem Inhalt:

- Vorwort: K. Kernspecht
- Vorwort: Yip Chun
- Vorwort: Leung Ting
- Porträt Yip Chun

- **Ausführliche Beschreibung des Ursprungs und der Entwicklung der WT-Holzpuppe: Leung Ting**
- **Detaillierte Konstruktionsbeschreibung (mit Zeichnungen) der Puppe**
- *Alle* **116 Holzpuppenbewegungen demonstriert von Yip Man**

- Ergänzungen demonstriert von Yip Chun
- *Anwendungen* und Erklärungen der Holzpuppen-Form: Yip Chun
- Die Holzpuppenform und ihre Bedeutung: K. Kernspecht

- *Die Geschichte Yip Mans*
- *Yip Man und Bruce Lee*
  Was Bruce Lee wirklich von Yip Man gelernt hatte, wie Bruce Lee Yip Man eine Eigentumswohnung für die letzten Sätze der Puppenform bot, was Yip Man an Bruce Lee nicht gefiel.

A5, 120 Seiten   € 17.80
Versandkosten in Deutschland (nur bei Vorkasse) inklusive!

Diese Liebhaber-Ausgabe mit Goldprägung sollte in keiner Sammlung fehlen.

Nostalgie-Auflagen

Auf Wunsch unserer Leser und Mitglieder haben wir in einer Auflage von nur einigen hundert Exemplaren unsere ersten drei Bücher von 1976-1978 nachgedruckt.
Auf diese Weise kann sich jeder in die Pionierzeit des WingTsun und Escrima hineinversetzen, als diese beiden Kampfkünste in Deutschland noch in den Kinderschuhen steckten und sich erst noch beweisen und gegen die etablierten japanischen und koreanischen Stile durchsetzen mussten.

„Das erste chinesische Lehrbuch in deutscher Sprache aus der Feder des bekanntesten WingTsun-Lehrers, Sifu Leung Ting, übersetzt, erläutert und ergänzt durch Keith R. Kernspecht, Leiter des deutschen Hauptquartiers in Kiel. Dieses Lehrbuch erklärt höchst ausführlich die Stände, die Abwehrtechniken und den geraden, zentralen Fauststoß. Darüber hinaus vermittelt es Einblicke in Geschichte, Theorie und Lehrplan des WingTsun Kung Fu." Mit Originalartikeln und Fotos aus Hongkong aus der Serie „Seeds of Wing Tsun".
A 5, 119 Seiten   € 13,70
Versandkosten in Deutschland (nur bei Vorkasse) inklusive!

Als „gründliche Einführung" wird das Inhaltsverzeichnis des zweiten in Deutschland erschienenen WingTsun-Buches untertitelt.
Zu Recht! K. R. Kernspecht erläutert nicht nur die technischen Besonderheiten und Trainingsmethoden des Systems, sondern gibt auch einen Einblick in die Geschichte und die Hintergründe des Leung Ting-Systems. Die meisten der zahlreichen Fotos haben heute bereits historischen Wert, da viele nur in diesem Buch veröffentlicht wurden.
A 5, 136 Seiten   € 15,20
Versandkosten in Deutschland (nur bei Vorkasse) inklusive!

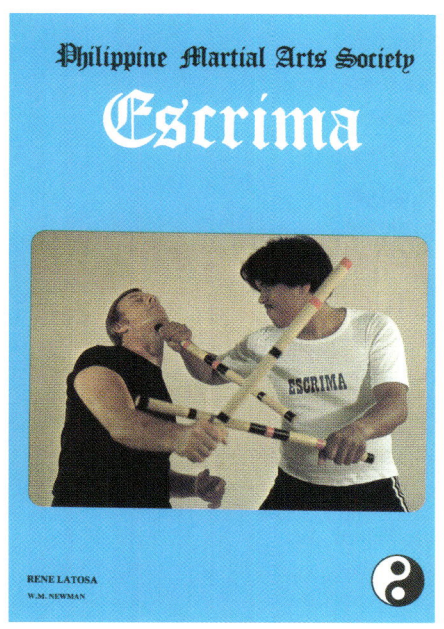

Das erste und einzige Buch, das über Latosa-Escrima geschrieben wurde. Zweisprachig (deutsch und englisch) werden dem Leser Grundkenntnisse dieser philippinischen Kampfkunst vermittelt.

Der Stilbegründer Rene Latosa und sein Meisterschüler Bill Newman geben einen ausführlichen Einblick in die Geschichte, die Trainingsweise und die Techniken ihrer Kunst. In zahlreichen Fotosequenzen zeigen die Meister Techniken mit den verschiedensten Waffen und verdeutlichen die Effektivität des Escrima.

A 4, 110 Seiten € 17,25
Versandkosten in Deutschland (nur bei Vorkasse) inklusive!

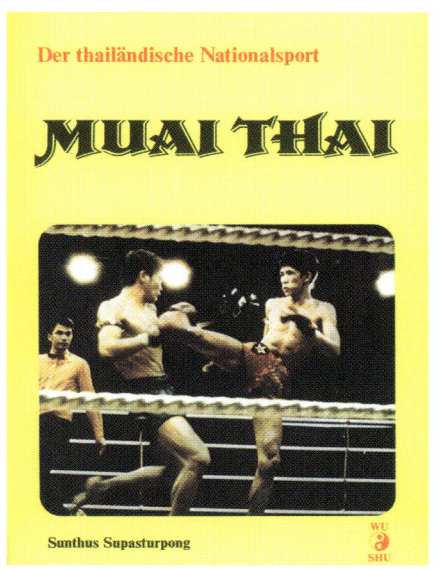

Dieses Buch wurde veröffentlicht, als die Kampfsportart Muai Thai in Deutschland noch nahezu unbekannt war. Der thailändische Meister Santhas Supastrapong erklärt die Entstehungsgeschichte und die Eigenheiten dieses wohl härtesten Wettkampfsports der Welt. Immer wieder erinnert er an die lange Tradition des thailändischen Nationalsports, den hohen Anspruch, der ursprünglich im Muai Thai vorherrschte und heute nur noch wenigen bewusst ist. Ein wertvolles Buch mit vielen z.T. spektakulären Kampfszenen.

A 5, 111 Seiten € 12,65
Versandkosten in Deutschland (nur bei Vorkasse) inklusive!

Auch als limitierte, gebundene Liebhaberausgabe!

Alles über den Unterschied zwischen WingTsun (WT) und Wing Chun bzw. Ving Tsun, wer ist Nachfolger Yip Mans, wen hat Yip Man wirklich unterrichtet, und was hat Sifu Leung Ting im Unterricht bei ihm gelernt, u.v.a.; Fotos, die noch nie gezeigt wurden!

120 Seiten, A4,	€ 17.50
gebunden	€ 23.90

Versandkosten in Deutschland (nur bei Vorkasse) inklusive!

WingTsunWelt-Spezial Nr.1
Die Geschichte des Yip Man- 詠春 -Stiles

Lernen Sie Prof. Leung Ting

Dynamisches **WingTsun** im Selbststudium

Zum aggressiven Kämpfer in sechs Monaten!

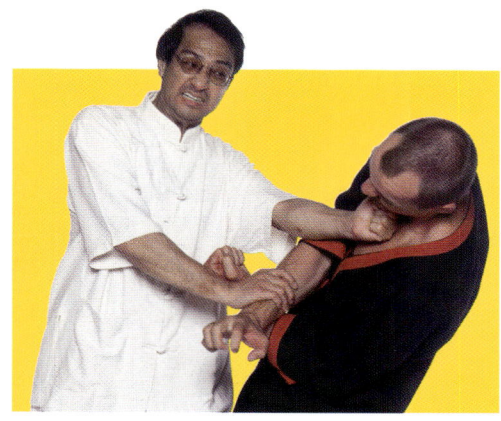

Als ich eine Klasse jugoslawischer Schüler unterrichtete, die ein Turnier für Vollkontakt-WT organisieren wollten, schrieb ich während des Lehrgangs einige Lehranweisungen für die Ausbilder. Diese Notizen erwähnte ich später bei einigen meiner Schüler in anderen Ländern, und die waren sofort so begeistert, dass sie mich baten, sie drucken zu lassen, damit sie die Aufzeichnungen für ihren Unterricht nutzen konnten. Das war der Ausschlag für die Idee, ein zweites Buch über WT zu schreiben. Nicht so sehr für jene, die bereits ein fundiertes Wissen über WT erlangt haben, sondern für die, die einfach mehr darüber lesen wollten. Ich beschloss, dem Buch den Titel „Dynamisches WingTsun" zu geben.

Um den Lesern das Wissen über WT Schritt für Schritt zu vermitteln, baute ich das Buch wie einen Lehrkurs auf. Obwohl es nur 36 Kapitel hat, beinhaltet jedes einzelne doch umfangreiche Trainingsprogramme. Anfänger müssen manche dieser Programme länger als eine Woche üben, um sie zu beherrschen, wobei ich davon ausging, dass der einzelne weniger als zwei oder drei Stunden an fünf Tagen pro Woche übt.

Jeder Schüler wird innerhalb eines halben Jahres Fortschritte in diesen Kampftechniken erzielen, vorausgesetzt, er folgt den einzelnen Schritten genau wie im Buch beschrieben und lernt mit Geduld. Meine Mitautoren und ich hoffen, dass dieses Buch vielen WT-Interessenten eine große Hilfe sein wird.

A 5, 210 Seiten   € 17,25
Versandkosten in Deutschland (nur bei Vorkasse) inklusive!

**Das erste und einzige WingTsun-Magazin der Welt,
die Nr. 1 erschien vor über 20 Jahren.**

Die alten Ausgaben haben inzwischen Liebhaberwert erreicht, obwohl sie vereinzelt noch über unseren Vertrieb zu beziehen sind.

Auf Wunsch schickt Ihnen der Wu Shu-Verlag eine Liste der noch verfügbaren WT-Welt-Ausgaben zu.

Preis bei Vorkasse pro Ausgabe € 6.65 inklusive (!) Versand.

Wu Shu-Verlag
Vertrieb K. Witt
Bahnhofstr. 10 (hinten)
23769 Burg/Fehmarn
Tel (0 43 71) 45 81, Fax (0 43 71) 1803

Bücher von Geoff Thompson

Die Angst

Erfahren Sie, warum die Angst vor einer Entscheidung zumeist viel schlimmer und oft schmerzvoller ist als ein vermeintliches Scheitern. Lassen Sie sich von Thompson die „Wenn ..., dann würde ..."-Ausreden nehmen und bezwingen Sie Ihre Angst, egal unter welcher Tarnung sie auftritt. Geoff Thompson spricht aus Erfahrung. Um seine Angst vor körperlicher Gewalt zu bewältigen, arbeitete er als Türsteher in den gefährlichsten Clubs Englands und wurde zu einem der meistgefragten Selbstverteidigungs-experten weltweit. Seine größte Angst konfrontierte Thompson, als er sich fragte, ob er, der ehemalige Fabrikarbeiter, jemals als Buchautor Erfolg haben könnte. Seitdem hat Thompson 20 Bücher, darunter mehrere englische Bestseller, und 20 Lehrvideos veröffentlicht. Geoff Thompson hat seine verschiedenen Ängste überwunden. Um seine Erfahrungen weiterzugeben, hat er ein Modell entwickelt, mit dem auch Sie dies schaffen werden.
Nicht bald, nicht morgen, sondern JETZT!

A 5, 195 Seiten
€ 14,20
Versandkosten in Deutschland (nur bei Vorkasse) inklusive!

Die Tür

Der Autor des ersten deutschen Türsteherbuches (in England schon längst ein Kultbuch), Geoff Thompson, ist zweifellos einer der anerkanntesten und gleichzeitig umstrittensten Autoren und Lehrer dieses Jahrhunderts auf dem Gebiet der Selbstverteidigung. Sein Werk ist innovativ und gibt Denkanstöße.
Das deutsche Nachrichtenmagazin „Focus" verwies in einem Artikel über Türsteher (Focus, Ausgabe 4/2000) auf sein Buch: „Geoff Thompson fasste seine Erfahrungen als Türsteher in einem Buch zusammen – ein Bestseller!"
1997 haben ihn Chuck Norris und Richard Norton nach USA eingeflogen, damit er seine Selbstverteidigungsmethode auf ihrem int. Kampfkunst-Seminar zusammen mit Kampfkunst-Größen wie Benny Urquidez und Jean-Jacques Machado vorstellen konnte.
Trotz aller internationalen Anerkennungen wird Geoff Thompson wegen seiner realistischen Einschätzungen in vielen traditionellen Kampfkunstkreisen immer noch als Ketzer und Nestbeschmutzer angesehen.

A 5, 213 Seiten
€ 14,20
Versandkosten in Deutschland (nur bei Vorkasse) inklusive!

In English Language: WingTsun-Books

BlitzDefence
"Attack is the Best Defence"
by Keith R. Kernspecht
€ 16.75

On Single Combat
Keith R. Kernspecht's best-seller "Vom Zweikampf" in English   € 23.40

WingTsun Kuen
by Leung Ting

328 pages   € 43.85

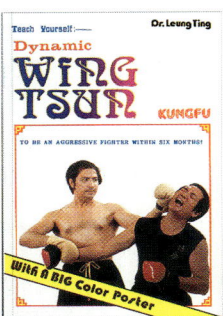

Dynamic WingTsun
by Leung Ting
A 5, 210 pages, many photos
€ 17.25

Roots and Branches of WingTsun
by Prof. Leung Ting
A4, 400 pages   € 62.75

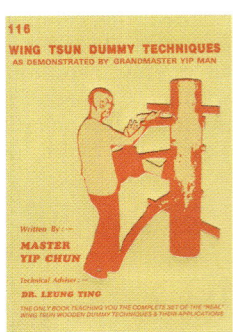

116 WT-Wooden Dummy-Techniques
A5, 130 pages   € 16.75

Siu Nim Tau
The set, theory, main points, mottoes & applications
130 pages   € 13.80

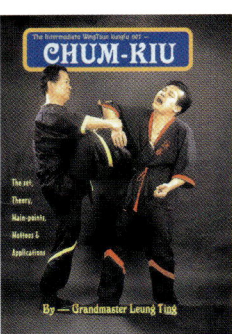

Chum-Kiu
The set, theory, main points, mottoes & applications
130 pages   € 13.80

Biu-Tze
The set, theory, main points, mottoes & applications
130 pages   € 15.80

Weitere englischsprachige Bücher von GGM Leung Ting

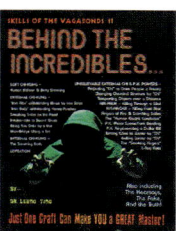

Behind the Incredibles

€ 20.35

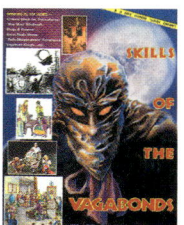

Skills of the Vagabonds

€ 20.35

Hung Kuen-Kung Fu Teil I

€ 13.80

Hung Kuen-Kung Fu Teil II

€ 13.80

Drunken Monkey

€ 14.70

The Ferocious-enchanted Staff of the Ancient Monks

€ 7.55

Dragon-Tiger-Double-Sword-Style

€ 16.75

Drunkard-Kung Fu

€ 14.70

Shaolin-Ten-Animal-Form

€ 16.75

Genealogy of WingTsun

€ 19.40

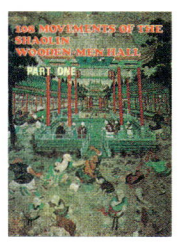

108 Movement of the Shaolin Wooden Men Hall Teil I

€ 6.55

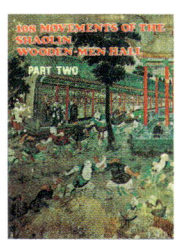

108 Movement of the Shaolin Wooden Men Hall Teil II

€ 6.55

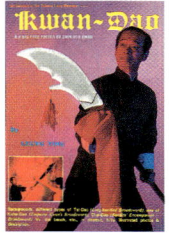

Kwan Dao

€ 15.20

Seven Star Praying Mantis-Kung Fu

€ 16.35

**Wu Shu-Verlag
Vertrieb K. Witt
Bahnhofstr. 10
(hinten)
23769 Burg/
Fehmarn
Germany
Fax (0 43 71) 1803**

Poster der WingTsun-Formen

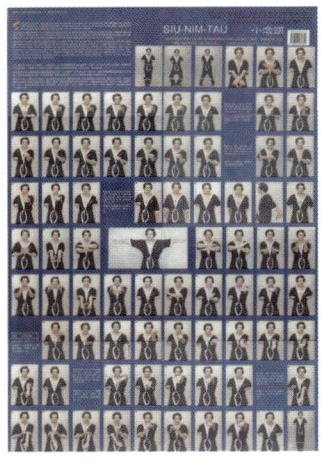 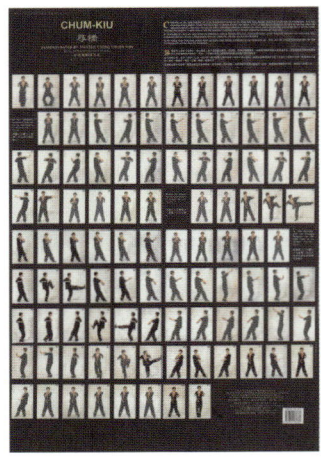 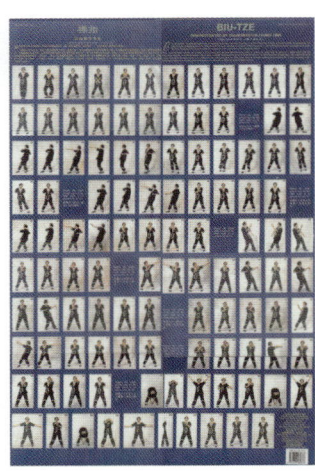

Siu-Nim-Tau **Cham-Kiu** **Biu-Tze**

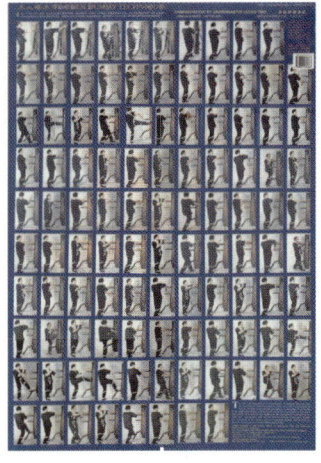 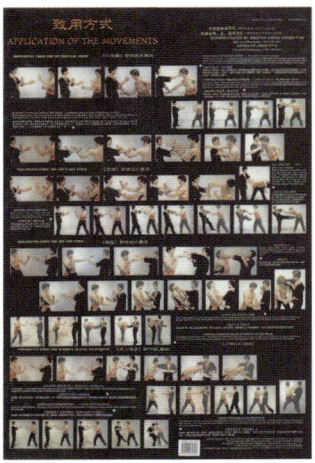

**Alle Poster A1
einzeln je   € 7,65**

**zusammen   € 28,00
Versandkosten in
Deutschland (nur bei
Vorkasse) inklusive!**

Holzpuppe **Anwendungen**

Videos

€ 63,90

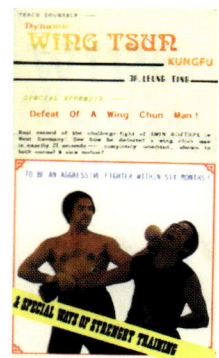

€ 40,90

€ 49,--

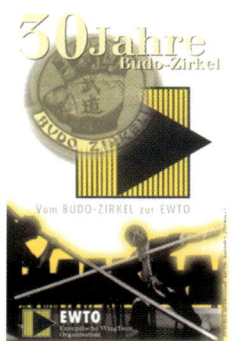

€ 43,45

€ 49,--

€ 43,45

€ 45,--

€ 50,60

**Wu Shu-Verlag
Vertrieb K. Witt
Bahnhofstr. 10
(hinten)
23769 Burg/
Fehmarn
Germany
Fax (0 43 71) 1803**